GUANGYIN DE GUSHI XILIE

光阴的故事系列

慧眼看世界

HUIYAN KAN SHIJIE

黄每裕 著

暨南大学出版社
JINAN UNIVERSITY PRESS

中国·广州

图书在版编目（CIP）数据

慧眼看世界 / 黄每裕著. —广州：暨南大学出版社，2020.1
（光阴的故事系列）
ISBN 978 - 7 - 5668 - 2847 - 7

Ⅰ.①慧…　Ⅱ.①黄…　Ⅲ.①散文集—中国—当代②诗集—中国—当代
Ⅳ.①I217.2

中国版本图书馆 CIP 数据核字（2020）第 003396 号

慧眼看世界
HUIYAN KAN SHIJIE
著　者：黄每裕

⋯⋯⋯⋯⋯⋯⋯⋯⋯⋯⋯⋯⋯⋯⋯⋯⋯⋯⋯⋯⋯⋯⋯⋯⋯⋯⋯⋯⋯⋯⋯⋯⋯⋯⋯⋯⋯

出 版 人：徐义雄
责任编辑：苏彩桃　黄　斯
责任校对：刘舜怡　朱良红　傅　迪
责任印制：汤慧君　周一丹

出版发行：暨南大学出版社（510630）
电　　话：总编室（8620）85221601
　　　　　营销部（8620）85225284　85228291　85228292（邮购）
传　　真：（8620）85221583（办公室）　85223774（营销部）
网　　址：http://www.jnupress.com
排　　版：广州良弓广告有限公司
印　　刷：广州市快美印务有限公司
开　　本：787mm×1092mm　1/16
印　　张：20.75
字　　数：360 千
版　　次：2020 年 1 月第 1 版
印　　次：2020 年 1 月第 1 次
定　　价：128.00 元

（暨大版图书如有印装质量问题，请与出版社总编室联系调换）

人生旅生地

笔地锦文

古广祥撰张维社书

香港新闻出版社社长古广祥撰联，书法家张维社书

騷客穿洲穿北穿

南穿境樂

族論心香

哲文論事論邦論

賀每裕兄慧眼看世界出版

古廣祥撰黃啓雄書

香港新闻出版社社长古广祥撰联，书法家黄启雄书

慧眼看世界

張福銘題

中华翰墨书画院院长张福铭题字

藏古今学绩

馨天地精华

慧眼看世界出版志庆

己亥季孟秋张福铭题水中

华翰墨书画院书贺

中华翰墨书画院院长张福铭题字

随流兴咏棹轻渡了了

舟放眼觏天阔鸢身逝

浪游

黄安裕 五绝感怀

二○二○年元旦 龚知敏书

军旅作家、书法家龚知敏先生书

旅游开眼界，
翰墨抒情怀。

黄自裕自题
二〇一九年十月

作者手笔

风流不被

雨打风吹去

　　我之所以将此书取名为"慧眼看世界"，基于两个原因：一是之前我已出版了5本以"世界"为名的著作，出于延续性和系列性，这次也一如既往地冠以"世界"二字；二是内容较吻合，以游记为主，加上一部分诗词，记录和描述的都是世界见闻与自己的感悟，可谓"题切其文"。

　　无疑，"看世界"是大实话。但用上"慧眼"二字，似有自夸之嫌。其实，我只是表达愿望而已，并非说已有了一双慧眼。正如流行歌曲《雾里看花》所唱的："借我借我一双慧眼吧，让我把这纷扰，看个清清楚楚明明白白真真切切。"然而，事实上这"纷扰"的世界是不容易看清楚、道明白的。因为每个人所处的环境不同，世界观各异，看问题的角度也不一致，难以取得统一的认识，结论甚至千差万别。这就是"眼见也不一定为实"。但不管怎么说，能走出家门，融入大千世界，亲身感受大自然、大环境、大社会，通过认真观察、对比、分析与思考，看问题总会更客观些，更能接近事物的本来面目。所以，多年来，我一直热衷于"走出去"——浪迹天涯，放眼看世界。在国内，我早已走遍全国各个省、市、自治区，饱览祖国众多名山大川；在国外，已游历六大洲77个国家，可谓尽阅天下风流。我曾经写过一首《我把快乐当任务》的小诗，认准旅游是一件快乐的事，从而把它当作"任务"来完成。哪怕寒冬酷暑，哪怕形势紧张，一旦咬定了"目标"，就笃定前行。于是，我借用了宋词大家辛弃疾《永遇乐·京口北固亭怀古》中的名句"风流总被雨打风吹去"，反其道戏说为"风流不被雨打风吹去"，来作为我的生活写照，并用作本书序文的标题。

本书收集了我三年来在国内外旅游和日常生活中，根据所见、所闻、所感而写成的游记散文 50 篇以及诗词 153 首。然而，正如上述所言，由于水平所限，很多时候"眼见也未必为实"，所以这些习作必定存在不足之处，敬请读者诸君给予批评指正。

日新月异的科技发展，给我的创作提供了极大的帮助。智能手机的应用，无疑让我拥有了"巧手"和"最强大脑"。如今，我在旅途中就可用手机写出文章，即时把诗文发到"朋友圈"中，"第一时间"与读者分享，真是方便、灵巧、快捷！

巧的是，我今年 77 岁，正好游历了 77 个国家，出版这本书更显得有特殊意义，正应了"无巧不成书"这句话。人逢喜事精神爽。虽然我早已过了古稀之年，将要"奔八"了，但我感到精神状态还不错，挥起笔来得心应手，更期望真的"风流不被雨打风吹去"。这样，我就能继续浪迹天涯，游览更多地方，完成更多"快乐的任务"，出版更多新书，奉献给广大读者，岂不快哉！

黄每裕

2019 年 10 月

目
Contents
录

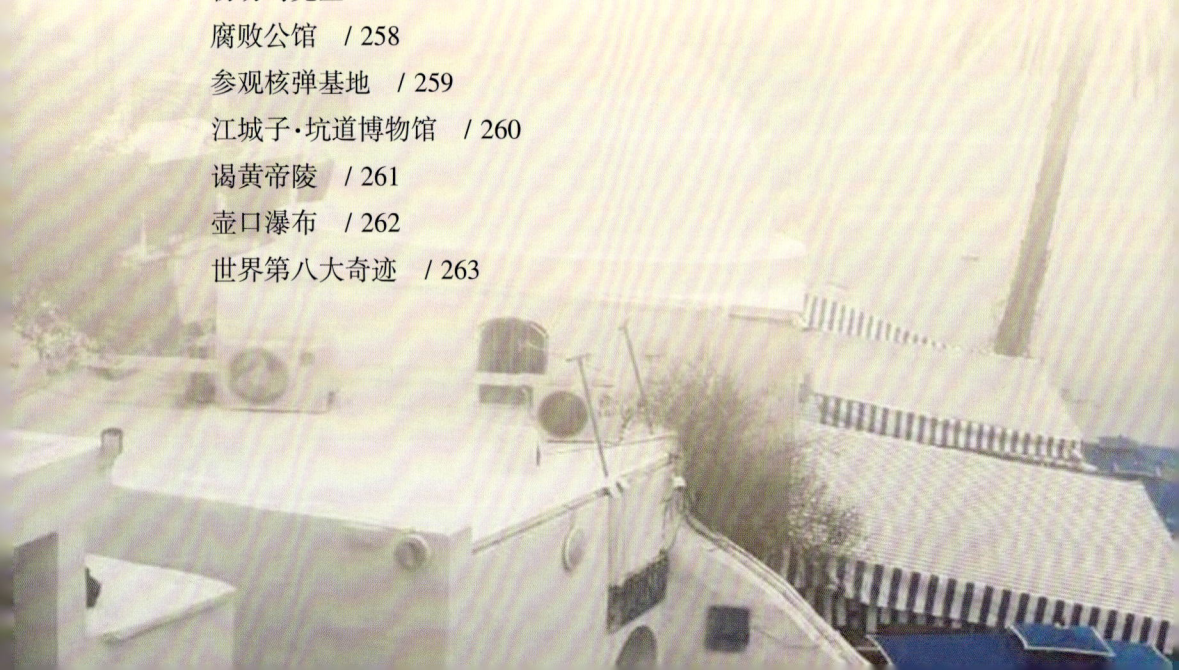

诗词

行吟地球村·真情篇

猎奇

游 记

天下

［菲律宾之旅］

"非常岛国"菲律宾

2016 年 12 月 20 日，我们来到菲律宾佬沃旅游。佬沃位于吕宋岛北部北依罗戈省，为该省省会，又叫拉瓦格市，华裔俗称佬沃。记得 10 年前，我曾到过一次菲律宾，那次是去台湾旅游"路过"。因当时台湾尚未对大陆开放旅游，于是我们选择了最近的菲律宾"过境"。由于只是"路过"，逗留时间不会太长，所以只能在首都马尼拉及附近一些景区"走马观花"，待了两天多时间就离开了。但不管怎么样，也算是曾到过一次菲律宾了，这次就算"旧地重游"啦。

其实，佬沃比马尼拉距离广州更近，航程仅一个半小时。佬沃机场很"袖珍"，设施简陋，连电脑也稀缺，登机卡还是人工手写的，这在当今世界恐怕极少见吧。由于每天仅有一个航班往返（中国东方航空公司执飞，从广州至佬沃），人流之稀可想而知，机场也清静得近乎寂寞。然而，正如导游邢先生所说，在这么一个小地方，能有个机场，且开辟了国际航线，已经很不简单了。要不是因为这里是菲律宾前总统马科斯的故乡，加上当地华侨、富

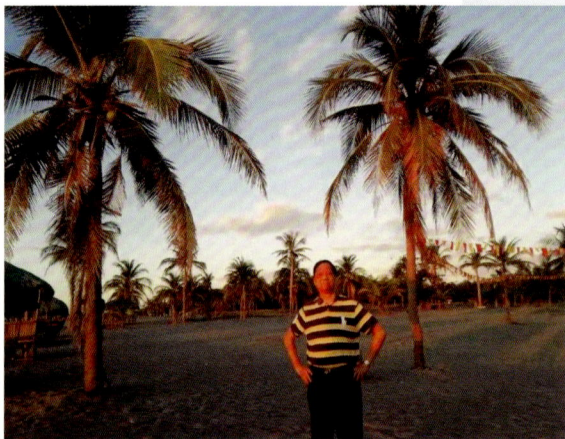

菲律宾佬沃海滨的黄昏

商众多，与中国交往频繁，还未必能建起这个机场呢！

此行主要在北依罗戈和南依罗戈两个相邻的省份观光，分别游览了马科斯行宫、抱威教堂、白沙滩、风车部落、维甘古城、奥古斯汀钟楼、基里诺总统故居等一批颇具特色的景点，还观赏了被誉为菲律宾国粹的斗鸡表演，体验了具有浓郁古代欧陆风情的马车巡游。在自由活动时间，足不出户就可在下榻的佬沃海景假日酒店范围内玩耍，或到海滩溜达，观赏日出与日落，或享用游乐场中的各种设施，例如骑马、射箭、打高尔夫球等，节目可谓丰富多彩，甚是轻松闲适。

回来后，有人问我："此行到菲律宾有何感受？"我不假思索地回答说："最大的感受就是不像菲律宾！"

此话怎解？

原来，由于菲律宾在历史上受外来文化渗透太多，有点"变味"，几乎让人分不清身处何方。为什么会这样？答案只有一个，皆因菲律宾是个多难之邦。历史上，它曾受外国统治，先后被西班牙、美国、日本等国入侵。入侵国无不实行专制统治。其中，美国人的统治手段尤"绝"，在菲律宾竭力推行美国文化，对当地的传统文化进行脱胎换骨式的"改造"，用英语取代了菲律宾的母语，用天主教取代菲律宾人民原先信奉的宗教。如今，人们来到菲律宾，已不容易看到纯粹属于他们自己的传统文化了。

菲律宾留下的殖民"烙印"似乎特别深，在菲律宾各地留下的很多具有浓郁异国风情的遗迹就是见证。最有代表性的莫过于佬沃和维甘古城了。有趣的是，这两个地方的古老西式建筑，常常与近代的本土建筑浑然一体，构成了一幅幅"土洋结合"、具有独特韵味的风情画。在众多"画幅"中，最引人注目的便是我们下榻的佬沃海景假日酒店。这座位于菲律宾西北部地区最高级的度假酒店，占地上千亩，原是前总统马科斯送给女儿的结婚礼物，后来收归国有，改造成专门用于接待外宾的豪华酒店。它的屋顶呈红色，外墙亦由红砖砌成，攀附在墙面上的簕杜鹃花，绽放着紫红色的花朵，非常艳丽夺目，弥漫着浓郁的西班牙风情。而另一座更加吸引人们眼球的建筑物，是马科斯当年的行宫。它是典型的菲律宾风格，窗棂皆由贝壳所镶，优雅美观，独具特色。行宫整体面山背水，尽显当时马科斯总统的霸气。此外，在行宫附近不远处，还有一座世界独一无二的"无地基教堂"——抱威教堂（因附近有个著名的抱威湖而得名）。它的建筑风格完全是西班牙式的，但建筑材料全部是就地取材，用甘蔗糖浆、红砖、泥浆、礁石等材料建成，固若金汤。抱威教堂至今已有400多年历史，虽经多次地震破坏，仍屹立不倒，已被联合国教科文组织列为世界物质文化遗产。

再说到南依罗戈省省会维甘，这是一座最有西班牙特色和风情的古城，留下许多古建筑。加上后期由菲律宾人建造的、"土洋结合"的楼房与街道，与这些古迹混合在一起，置身此中，让人产生异样的感觉。我们漫步在石板铺成的古老街道上，或乘坐古式马车巡游在古镇上，仿佛穿越了时空，回到了几百年前的维甘古城。

由于历史原因，菲律宾人似乎普遍缺乏敢闯敢干和独创的精神，表现为办事不够主动，遇事不会变通，不适宜做生意，不能很好地满足顾客的要求，但他们为人比较诚实，相应地社会上诈骗现象较少。

在佬沃，我们意外感受到当地人对中国人特别友好，特别尊重。就这个问题我们请教导游，导游一脸认真地回答："因为你们身份不凡，个个都是老板啊！""算了吧！我们哪有老板相呢?"几位团友异口同声地反驳说。"不是

菲律宾水果品种丰富

开玩笑，他们真是把你们当成老板看待的!"导游一本正经地解释。原来，这里有很多人曾到过中国的港、澳、台打工，或到过华人很多的新、马、泰工作，他们对华人的第一印象就是很有钱，既富裕又有教养。他们曾为这些老板打工，受到礼遇，得到恩惠，所以凡是见到中国人，都热情地称呼为"老板"。哦，怪不得我们也当起老板来了!

很多人都说，菲律宾治安很差，殊不知，佬沃堪称"世外桃源"。因为菲律宾南部那些非法武装人员和其他不良分子，不容易来到北方捣乱，所以这里的治安相对较好。几天来，我们很少看到有警察在公共场所巡逻，马路上也看不见交警的影子，所有路口甚至连红绿灯也不设置，但交通很通畅。导游介绍说，近年来，菲律宾各地很多有钱人家，都纷纷移居到佬沃和维甘，正是看中这里既富饶又安宁的环境。怪不得我们在出外参观的途中，看到很多环境比较优越的地方都在大兴土木，或新建或扩建了大批别墅，陆续迎接新主人的到来。这一新景象，预示着吕宋岛一带将越来越繁荣兴旺。

(2016.12.23)

[南非见闻] 之一

"昨日星辰"话南非

　　这是我第二次造访南非了。时隔 13 年，"旧地重游"，得到的印象并非"涛声依旧"，而是"昨日星辰"。此话何解？前者可解释为"变化不大"，后者意为"光芒消退"。

　　南非是个多民族移民国家，当地人肤色多样，素有"彩虹之国"的美称。它是非洲大陆比较富裕和文明程度较高的国家之一，曾跻身"发达国家"之列。很多初来乍到的人常常发出惊叹："这里根本不像非洲！"的确如此，南非的很多城镇，颇有现代化气息，不少地方很像欧洲或澳大利亚等地。它向来在国际上享有较高的声誉。在"金砖之国"（中国、俄罗斯、印度、巴西和南非）这个"新朋友圈"中，南非的地位同样举足轻重。

　　然而，近年来由于受到全球性经济衰退浪潮的冲击，南非也未能独善其身，经济走向下坡，从而被人们戏称为"昨日星辰"。

　　冰冻三尺，非一日之寒。为了探讨南非经济下滑的原因，我们请教了当地导游叶先生。原籍中国香港的叶先生，从事旅游工作已 20 多年，对南非的情况颇为了解。他认为，当前南非之所以出

南非比林斯堡野生动物园正门

现倒退，除了受国际大环境影响外，自身问题也不能忽略。他进一步解释道，曼德拉破除了种族隔离制度，这确实居功至伟。然而在大刀阔斧进行改革的同时，也实施了一些不切合实际的政策和制度，带来了一些问题。例如，南非自废除种族隔离政策之后，大批黑人族群纷纷涌向城市，造成城市人满为患，而原先黑人族群聚居地的农场、矿山、

南非比林斯堡野生动物园一瞥

企业、商店和民居等，都荒废了，造成了巨大的浪费。这些盲目进城的黑人，绝大多数欠缺文化素质和谋生手段，找不到合适的工作，变成一支"失业大军"。生活无着，一些人只好去偷、去抢，从而造成严重的社会治安问题，大家都对南非"谈虎色变"。为此，导游三番四次地提醒和警示我们，千万不要随意到大街上走动，尤其不要个人单独外出，以防被抢。记得我13年前到南非时，在行政首都比勒陀利亚能看到很多白人，但现在寥寥无几，市容秩序也明显比以前混乱。原来，很多白人因不胜其扰，被迫搬迁到城外的新区居住了。

更令人忧虑的是艾滋病泛滥。据有关资料，南非全国共有 5 000 万人口，其中有 500 万人感染了艾滋病，占了全国总人口的十分之一，可见情形多么严峻！可喜的是，据说目前已采取了积极有效的措施，艾滋病蔓延的趋势得到基本控制。

但愿"昨日星辰"驱散雾霾，重新闪耀光芒！

(2017.3.28)

[南非见闻] 之二

南非何日再腾飞

南非从"发达国家"变为"不发达国家",令人唏嘘。其经济下滑的具体表现主要在于货币的大幅度贬值,以至于直接影响民生。

据导游介绍,在 20 世纪 90 年代,南非货币"兰特"的汇率很高,甚至超过了美元。但后来一直下挫,反而被美元大大地超过了。目前,1 美元可兑换 15 兰特。记得 13 年前我第一次去南非时,要花好几元人民币才能兑换 1 兰特,而现在 1 元人民币就可兑换 1.5 兰特。货币的大幅度贬值,严重地冲击了南非工商业的发展。开普敦地区的导游陈小姐介绍说,现在南非人出国的意愿越来越低了,原因之一就是兰特持续贬值,越来越不值钱,到了国外消费不起。以往我也略知,不少中国人看好南非商机,纷纷移民到南非做生意。在从多哈中转返回广州的航班上,我的座位刚好与一位在约翰内斯堡做贵金属生意的男士相邻。他是广州人,移民南非已 30 年。他切身体会到,这些年生意越来越难做了。就算赚到同样的钱,但由于兰特严重贬值,实际上荷包越来越缩水。他感慨地说,想

玩转鸵鸟园

远眺南非好望角

当初，把兰特拿回国内消费，多么划算！现在，如同"水瓜打狗——掉了一大截"。我向导游陈小姐打听目前南非工薪阶层的收入，她告诉我，各地、各行业水平不一，不同工种差别也很大，所以很难说得很准确。但一般来说，月薪为四五千兰特，即相当于两三千元人民币，这与中国三四线城市差不多。但南非物价普遍比中国高。总之，南非人的生活水平在下降，这是不争的事实。

自诩不带政治偏见的导游叶先生认为，南非打开国门，开放了自由贸易，让外国人进来"掘金"，分享了南非丰富的资源和广阔的市场，他们赚得盆满钵满，本国资源却大量流失，利益严重受损。

那么，如何才能重振雄风，让南非再度腾飞呢？叶导游认为，首先要在意识上拨乱反正，清除过激政策，堵塞各种漏洞，及时"止血"。要充分调动起全国人民的积极性，不管是什么民族，什么肤色，什么背景，只要有爱国心，有能力，有实干精神，都要重用。可喜的是，目前情况渐渐有所改变，现在已有3个省由白人当领导了，并且看到了经济加速发展的势头……

俗话说，"烂船也有三斤钉"。更何况南非拥有的不是"生锈铁钉"，而是闪闪发光的黄金和钻石。南非的资源极为丰富。以旅游为例，这里世界级的景区或景点真不少，闭起眼睛也能数出一大串。例如，有四个巨大的野生动物园；有曾是世界最奢华的度假酒店"太阳城"；有一条700公里长的滨海高速公路"花园大道"，以及齐齐卡马国家森林（海岸）公园，数不胜数的农庄、酒庄、葡萄园、鸵鸟园等；还有企鹅滩和海豹岛。当然，重头戏还要数好望角、开普角、桌山等著名景区、景点，每天吸引着全世界成千上万的游客前来观光。虽然南非这几年整体经济有所下滑，但旅游业一直保持了连续增长的势头，为振兴经济作出了贡献。

团友们打趣地说，上帝那么关顾这个"金砖之国"，南非何愁不能持续发展，经济何愁不能再腾飞呢！

(2017.4.5)

闻名世界的太阳城酒店

[西北三省游]

西北有大美

近日，我参加旅游团赴宁夏、青海、甘肃"七日游"，游览了不少风景名胜，都给我留下了不错的印象。过去我曾到过这些地方，很多景点记忆犹新，看到如今更上一层楼，不禁点赞：西北有大美！

过去，在很多人的心目中，大西北是"最遥远的地方"，也是荒凉、贫穷、落后的代名词。正如古诗有云："春风不度玉门关""西出阳关无故人"……然而，正如俗话所说，"天上无飞鸟，地上不长草，地底有珍宝"。从旅游的角度看，"荒凉"也会是独特的景点，也有世界奇迹！

从广州飞往银川，途经西安中转，经过5个多小时才抵达第一站，可见祖国疆土是多么辽阔。到达银川已是华灯初上，晚饭后我们顾不得旅途疲劳，立即赶到闹市去，观赏"塞上江南"美丽的夜景，兴奋异常。第二天，用了一整天时间，分别参观游览了"西夏风情园"和"镇北堡西部影城"，这是两个非常著名而富有特色的景区。虽然烈日炎炎，但大家都忘记了酷暑，兴趣盎然，在愉快的氛围中增长见闻。过去，很多人，包括我在内，对西夏王朝的情况不甚了解，这次亲临西夏风情园，看到了很多仿古场景和文物，特别是观赏了一场精彩的"情景剧"：当年血气方刚的西夏王李元昊，率领铁骑大军决战入侵之敌的"真人秀"，活灵活现地再现了被遗忘的那段历史，为我们"扫了一次盲"。

"镇北堡西部影城"则是另一番景象。这座影城是由我国已故著名作家张贤亮投资打造的。自建成以来已先后有 100 多部影视作品在此拍摄，其中不乏经典之作，如《牧马人》《红高粱》《大话西游》《新龙门客栈》等。更有大批著名导演和演员，如张艺谋、葛优、姜文、巩俐、周星驰、甄子丹等大腕，曾在此大展拳脚。因此，这座影城被誉为"中国一绝"，成为"中国电影从这里走向世界"的标志。据当地导游董小姐说，近 10 多年来，中国各地一窝蜂地兴建了大批影视城，但大都缺乏特色，经营不善，很多都处于亏损状态，而宁夏这座"荒凉的影城"（5A 级旅游景区）年年赢利，天天游人如织，热闹非凡。

离开银川，来到拥有"世界最美沙漠之一"美誉的沙坡头。上次我到宁夏，未曾涉足此地，实为憾事，这次有幸弥补了。到来一看，果然名不虚传，令人眼前一亮。据说，由于沙坡头名气很大，当地政府准备将所在的中卫市（地级市）改名为沙坡头市，就像黄山市、张家界市、芙蓉镇等一样，借风景区之名扩大城市的影响力。

沙坡头之所以出名，除了风景特别壮美之外，还因为它创造出世界独一无二的"麦草方格"治沙造林绝技，享誉全球。这里有中国最大的沙漠博物馆，有中国第一条沙漠铁路，有设备很先进的登山（沙山）扶手电梯，有横跨黄河的滑索道，以及坡度最陡、滑程最长的滑沙道等。我们乘坐长长的扶手电梯来到山顶，极目远眺，但见山下田园、绿洲遍布，有如一幅幅"立体风景画"。更有趣的是，弯曲的黄河水道，竟鬼斧神工地"画"出了一个巨大的"八卦图"，寓意此乃风水宝地。山顶上还有一尊唐朝大诗人王维的雕像，旁边竖立了一块巨石，刻着他的著名诗句："大漠孤烟直，长河落日圆。"为了体验这一诗情意境，我们乘坐景区的电瓶车，深入浩瀚的腾格里沙漠，心胸豁然开朗。虽然此时已看不到"大漠孤烟直"的景象，但尚能欣赏到"长河落日圆"的瑰丽景色，心里很是满足。有一位团友开玩笑说："要是我能早些时候看到这般情景，说不定也能写出这样的诗篇，可惜来晚了，不好意思拾人牙慧啦！"团友们附和说："不怕，现在写也不晚，定能超越王维，那就名留千古了！""哈哈……"黄昏的大漠中，爆发出一阵欢快的笑声。

按照原先的行程安排，游完沙坡头后，在宁夏的活动便宣告结束了。但时间尚早，到晚上才乘火车去西宁，换言之，还有很长一段空余时间。于是在导游的倡导下，增加了一个自费景点——驱车 100 公里前往青铜峡参观。这无疑是一件好事，因为所有团友都没去过青铜峡，何不"顺手牵羊"，来个

"意外收获"呢？

青铜峡位于吴忠市，"大跃进"时期，国家在这里修建了黄河上游第一个水利枢纽工程——青铜峡大坝，自此闻名天下。如今，这里已开发成一个很大的旅游景区，既有文物古迹，又有人文景观。其中以始建于西夏时期，依山而立、面向黄河、排列奇特的108座佛塔最负盛名。塔山下方建成了一个偌大的广场，一直延伸到黄河边。广场两头各建起了一座道观和寺庙，还有一座金碧辉煌的巨型千手观音雕像。这些景物对于那座气势雄伟，集发电、灌溉、防洪功能于一体的拦河大坝来说，只能是"配角"。可惜的是，为安全起见，"主角"（大坝）"闲人免进"，只能遥望。从导游的讲解中得知，当年建这座大坝并非一帆风顺。它原先是苏联援建的156项重大工程项目之一，因中苏关系突然破裂，大坝建到一半时，苏联专家全部撤走了，使之几成烂尾工程。后来，凭着中国人的坚强意志和聪明才智，自力更生，克服重重困难，终于还是大功告成了。

在景区的另一头，2011年又兴建了一个新景点，谓之"中华黄河坛"，包括广场、牌坊、殿堂、长廊、碑林、雕塑群等，每年5月母亲节那天都要在这里举办大型礼敬"黄河母亲"的活动，场面非常浩大。

然而，更使我们感动的是参观了近年来新建的"大禹文化园"。这座文化园总建筑面积达1.3万多平方米，仿汉代建筑风格，顺着山势"步步登高"，落差达31米。园内有大批功能各异的建筑物，错落有序。其中，以展示大禹治水工程及纪念大禹伟大功绩的"禹王殿"最为壮观。殿内有一尊18米高的大禹彩色雕像，顶天立地，庄严肃穆。整个展览馆采用了各种现代化的技术手段，立体感、真实感和动感都很强，再现了4000多年前大禹治水的情形以及成功的经验。我们自小就不知听过多少次大禹为治水"三过家门而不入"的动人故事，此刻，在他的巨像面前重温一遍，感到更亲切、更激奋！

下一站到青海省，最向往的莫过于青海湖了。这是一个5A级景区，中国最大的内陆湖和咸水湖。它的面积达4500多平方公里，环绕湖边一周有360多公里。其湖面大、湖水清、烟波浩渺，远有雪山映照，近有草原映衬，景色分外迷人，犹如大自然馈赠给青藏高原一面巨大的宝镜，难怪有"中国最美的湖"之美誉。

再下一站我们一行人奔向甘肃，首先来到举世瞩目的敦煌市。

敦煌有个响亮的口号，叫"中国的敦煌，世界的敦煌"。好家伙，豪气冲

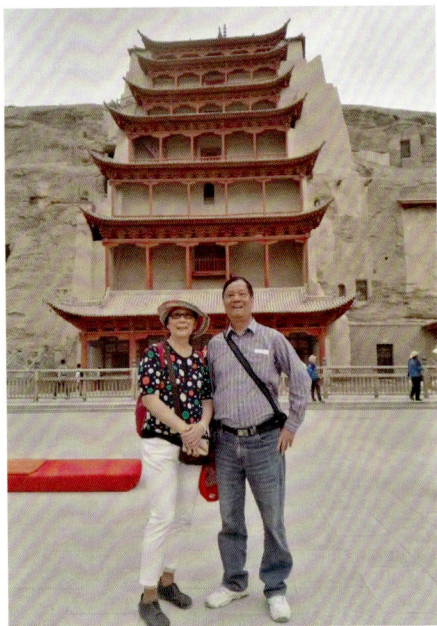
敦煌莫高窟

天！之所以如此豪迈，盖因这里有两大宝库——莫高窟和鸣沙山、月牙泉。

莫高窟俗称千佛洞，坐落于河西走廊西端，被誉为丝绸之路上的一颗明珠。它始建于十六国的前秦时期，历经多个朝代的续建，形成了如今巨大的规模。莫高窟共有 735 个洞窟，4.5 万平方米壁画，以及 2 415 尊泥质彩塑，成为世界上现有规模最大、内容最丰富的佛教艺术宝库。1987 年莫高窟被列为世界文化遗产。它与山西大同云冈石窟、河南洛阳龙门石窟、甘肃天水麦积山石窟并称为"中国四大石窟"。莫高窟尤以壁画著称于世。起初，我对它这个名字挺好奇，不知是何由来？导游小崔解释说，有几种不同的说法，其中一种说法是，原先叫"乐樽窟"，以最先在此开凿洞窟的和尚乐樽的名字来命名。但后来越来越多弟子也前来开凿石窟，形成石窟群，就不便用太多人的名字来命名了。然而，后辈们都有自知之明，认为自己的道行都比不上乐樽大和尚，就是说，"莫高于此僧"。于是人们就称这里为"莫高窟"了。我对此说法颇认同，同时觉得它也较有故事性。

由于游客太多，必须采取分流的办法，把游客分成多批，每一批约 15 人，由一位讲解员带领，到指定的洞窟参观。游客挤来挤去，像打仗冲锋陷阵一般，匆匆地游览了 10 个洞窟，就算"完成任务"了。虽然有如"盲人摸象"，但大家仍然觉得不枉此行，因为这是世界罕见的洞藏瑰宝，真的开眼界了！

鸣沙山和月牙泉，自汉朝起便是"敦煌八景"之一。有人说鸣沙山和月牙泉是"大漠戈壁中的一对孪生姐妹"，我认为形容得太贴切了。"山以灵而故鸣，水以神而益秀"，这一诗句是对它们最传神的注解。人们怎能不好奇呢？在四周陡峭的流沙山之中，竟然环抱着一弯月牙状的泉水，虽经千百年风吹和人踏，但流沙就是没有把泉水掩盖。你看，四周都是茫茫沙漠和戈壁滩，干旱异常，如何能"挤"出甘泉来？这真是天下奇迹！这种"山泉共处，沙水

鸣沙山与月牙泉

共生"的独特自然奇观，无愧于"塞外风光之一绝"的美誉。

最后一个景区是嘉峪关。它是万里长城最西端的一个重要关隘，始建于明洪武五年（1372 年），比最东端的山海关还早建 9 年，历时 168 年才建成。众所周知，山海关被称为"天下第一关"，而比它"年长"的嘉峪关为了与之区别，便多加了一个"雄"字，称为"天下第一雄关"。事实上这个"雄"字也是加得恰如其分，因为其地势特别险要，建筑特别雄伟。据导游介绍，嘉峪关是明代长城沿线九镇所辖的千余个关隘中最险的一个，保存得也最完好，实在难能可贵。我们兴致勃勃地登上城楼，在雄伟宽敞的城墙上绕行了大半圈，尽览塞内外的自然风光。但见与长城连为一体的内城、外城、城壕三道防线，形成重叠并守之势，壁垒森严，固若金汤，果然是"一夫当关，万夫莫开"！我们不禁为先辈们高超的智慧和顽强抗争的精神而赞叹！

（2017.6.10）

[美加见闻] 之一

"奥运后遗症"与"脱加"隐患

　　参团赴美国、加拿大旅游，首站就是加拿大蒙特利尔，首个景点就是奥运会主场馆。说实在话，这个景点没什么好看的，有人甚至说它给加拿大添了丑，有些"失礼人"。这是怎么回事？

　　原来，1976年第21届奥运会曾在此举行，因发生了不少尴尬的事情，造成了负面影响，从而引来国内外众多批评者的吐槽。这事确实颇令人费解。一个国家、一座城市，能争取到一届奥运会的主办权，是一件很荣幸的事情。然而，蒙特利尔却为此丢了颜面。由于某种原因，此届奥运会受到非洲国家的抵制，此外，蒙特利尔作为东道主，竟然没能夺得一面金牌，还背负了沉重的债务，几十年不能翻身，遭人诟病。

　　的确，这届奥运会留给人们不少教训。今天，我们来到当年举办盛会的主场馆参观，看到一派凋零的景象。从外表看，耗资巨大建成的主会场，似乎很有气派，特别是那座

加拿大蒙特利尔约瑟夫大教堂

"眼镜蛇"状的场馆主塔，成为城市的地标，远远地就可以看见。然而，它其实是个"花架子"。由于设计时没有考虑到施工技术问题，几乎成了"烂尾工程"。据说，原设计要求整座场馆的顶盖，是可以用"眼镜蛇"主塔的钢丝绳吊开的，但实际上做不到，致使顶盖从未成功地吊开过，甚至出现场馆顶部严重渗水的隐患，使建筑主体加速损坏，说它是一个"烂尾工程"实不为过。

更严重的问题是，举办奥运会的经费主要由地方政府即蒙特利尔承担，这一沉重的债务直接转移给全市老百姓。具体办法是通过收取"奥运税"，然后逐步偿还所举之债。这一还就是30年，于2006年才全部还清，为此老百姓怨声载道。导游说，这30年来，蒙特利尔老百姓吃"奥运后遗症"的苦真是吃怕了，生活水平非但没提高，生活环境反而也变差了，甚至一落千丈！众所周知，原先的蒙特利尔是享誉整个北美洲的"活力之都"，如今却变成"疮疤之城"。由于政府无钱支持新的城市建设，连正常的市政维修工程都难以开展，导致整座城市"千疮百孔"。我们乘车在沿途看到，很多马路的路面坑坑洼洼，车子颠簸得很厉害。当地的华裔李导游开玩笑地问我们："你们知道蒙特利尔有个中文名称叫什么吗？"有团友立即回答说："叫'满地可'！"导游说："对！不过还有一个新的叫法，叫'满地坑'！""哈哈哈！"大家不

加拿大魁北克名城风光

由得发出会心的笑声。路面不平还算不了什么，更令人皱眉的是，有很多高架桥的大梁或支柱，水泥都剥落了，露出了一条条生锈的钢筋。由于无钱进行"脱胎换骨"般的大修，只好用"打补丁"的办法，临时补上，应对险情。一路上我们都看到大大小小的"补丁"，甚是难看，不禁为它的安全隐患捏一把汗！

道路桥梁如此，市容市貌也一样，美化、绿化工作根本顾不上。然而我们也发现，有些地段已在进行系统性的修缮或扩建，虽然难免造成塞车，但至少让人看到了"光明"。导游说，近年政府还清"奥运债"之后，才逐步有些财力，进行一些最急需的建设和修缮工程。"但愿苦尽甘来吧！"李导游感慨地说。

蒙特利尔的"衰败"，除了被"奥运债"拖累外，还与另一个情况密切相关。这就是"脱加事件"。简单地说，就是这里的一些人，经常闹独立，要与加拿大"离婚"。蒙特利尔归属魁北克省，是该省第一大城市，历史上曾长期由法国人管治，至今有90%的居民是法国后裔，不但法语大行其道，城市环境也劲吹"法国风"。部分人有浓厚的法国情结，想从加拿大分离出去，成为"独立王国"。虽然经过几次"公投"失败，脱离不了，但还总是闹，导致当地政局不稳，社会不和谐，从而影响了经济的发展和民生的改善。

目睹这种现象，团友们都感到很可惜，认为有两点教训值得汲取：一是要量力而为办奥运会，不能全靠政府举债而由老百姓埋单。应该认识到，主办奥运会也是一把双刃剑，弄不好的话，好事也会变成坏事。二是一个国家或者地区，千万不能闹分裂，而要努力促进民族和谐团结。不然的话，折腾来折腾去，势必走向衰败。这两个问题虽然发生在蒙特利尔，但相信对全世界都有启示，应引以为鉴。

（2017.7.23）

[美加见闻] 之二

华盛顿故居遐想

美国自建国200多年来，诞生了3位伟大的总统，华盛顿、林肯和罗斯福。其中，乔治·华盛顿还被称为国父，因为他是第一位总统，开国元老。他虽然已辞世200多年，但至今人们还一直缅怀他，把他当作心中的偶像。我曾多次造访美国，可惜都没有机会去瞻仰他的故居和陵墓，感到遗憾。近日再次来到美国，碰巧旅行团有一个自费项目——到华盛顿故居弗农山庄参观，这才圆了我多年的夙愿。

弗农山庄位于弗吉尼亚州巴巴多斯市，给我的感觉好像就在华盛顿哥伦比亚特区的市郊，车程不到1个小时。该山庄占地约50英亩，地形开阔，环境清幽，宽阔的波多马克河从旁边流过，我们站在山坡草坪上，两岸茂密的林地风光尽收眼底。华盛顿自小就生长在这里，直至从军、从政，从总统的位子上退下来之后，他也"归隐"于此，在山庄的葡萄树和无花果树下享受"光荣的孤独感"，直至终老。华盛顿没有亲生儿女，一直与夫人玛莎生活在这里，直至去世。弗农山庄现属于一个私人非营利组织——弗农山庄妇女会，辟

华盛顿故居弗农山庄大门外

为纪念园地，开放给游人参观。山庄仍保留着当年的风貌与风情。我们看到，山庄的整体格局与建筑物大多是18世纪的风格。其作为"景点"，其实景观不多，只有一些旧房子、一座墓穴和铁匠铺、磨坊、大粮仓，以及一片种植园。我们在参观铁匠铺时，还看见穿着旧时服饰的工匠在打铁，那显然是在表演。种植园内生长着茂盛的葡萄和无花果等，硕果累累，但游客只能观赏，不得手摘。"景点"中最重要的一处，当然就是那间橘黄色的两层高的楼房，那是华盛顿夫妇及其家人起居饮食的"大本营"。这里公开展出了华盛顿很多私密资料，我们了解到这位伟人的高风亮节，不禁肃然起敬，深感这位"伟大总统"乃实至名归。

说起来，当初"天降大任"于他，还是一件身不由己的事情。在1775—1783年美国独立战争中，华盛顿担任大陆军总司令一职，血战沙场，勇挫英军，屡立战功，为国家的独立作出了卓越贡献。然而，华盛顿在战争胜利结束后便解甲归田了。有人不解地问他为何"归隐"呢？他说，为了避免今后美国被军人专制，要从自己做起。然而，由于他拥有崇高的威望和号召力，人们还是恳请他出山，"起码要为美利坚合众国搭建起一个坚实的基础，才好隐退啊"！于是，1787年，他出来主持了制宪会议，由此制定出美国第一部宪法。当筹建新国家的一切工作就绪之后，他又毅然回到弗农山庄，当起了农民。直到1789年，全国各派政治力量一致恳请他再度"出山"，担任美国第一任总统，在推辞不掉的情况下，他才走马上任。在两届总统任期（8年）内，他把美国带上了健康、快速发展的轨道，立下了丰功伟绩。当时，并没有规定总统最多只能当两届，因此，各党派和绝大多数民众都希望他能继续当第三届总统。然而，华盛顿坚辞不受，果断地放弃了权力，把"宝座"让给了下一代人。辞任之后，他又回到家乡继续当他的农民，直到1799年与世长辞，享年67岁。人们都说，华盛顿之所以伟大，最难能可贵的地方，就在于他不争权、不恋权、不滥权。

在弗农山庄，我们亲眼看到华盛顿生活了几十年的家园，甚为感慨。这里除了环境比较清幽外，若论物质条件，对于一位"国父"来说，简直可以用"清贫"来形容。我发现，最"豪华"的一个地方，就是那个书房。但所谓"豪华"，只不过是布置得颇为雅致，且堆满了一屋子珍贵的书籍。在书房一个显眼的角落，则摆放了一尊青少年时期的华盛顿如饥似渴地读书的雕像。

最令人感慨的莫过于华盛顿的卧室，面积不到30平方米，摆放着一张很

华盛顿生活和终老的小楼房

普通的木床，上面铺着一床普通的被褥，挂着一顶普通的蚊帐。总之，一切都极为普通。人们简直难以相信，一位如此伟大的人物，竟然生活在如此简陋的地方，直到与世长辞。他死后甚至连一座像样的公墓都没有，遗体就葬在自家的农庄内，只有一块简朴的墓碑。看到这些，很多团友都非常感动。

正是这样，华盛顿不但受到美国人民的崇敬与爱戴，而且受到全世界很多国家人民的崇敬和热爱，把他作为心中的偶像。一直以来，很多外国领导人到美国访问，都会专程前往弗农山庄参观，更多地了解华盛顿光辉的一生，瞻仰他那座简朴的陵墓，表达心中敬仰之情！

(2017.7.28)

[美加见闻] 之三

费城不"废"

那天，我们旅行团从华盛顿出发前往费城之时，有位团友一本正经地问我："费城是哪个'费'呀？是残废的'废'吗？多难听！"我笑着解释："是'消费'的'费'！""哦，是'浪费'的'费'！也不文雅呀！""哈哈哈……"引来团友们一阵笑声。

我知道，这是由于译音混淆而闹出的笑话。正好，我不妨将错就错，借用这个"废"字作标题，写一篇小文章，增添一点谐趣。

据导游介绍，又名"友爱之城"的费城，位于宾夕法尼亚州的东南部，距纽约仅160公里，距华盛顿220公里，就在两个"伟大城市"的中间，地理位置得天独厚。它既是宾州最大的城市，也是美国第五大城市，拥有155万人口（2013年统计），经济发达，市场繁荣，社会气氛热闹非凡。2015年，它被联合国列为"世界遗产城市"，是美国最早"入

费城"独立宫"，美国《独立宣言》在此诞生

遗"的一个大都会，颇让费城人引以为豪。

当然，费城之所以令美国乃至全世界瞩目，最重要的原因是：美利坚合众国诞生于此。除此之外，它又是美国最古老、最具历史意义的城市之一。

1790—1800年，即在华盛顿建市之前，美国第一个首都就曾设在费城。再往前推，1774—1775年，两次大陆会议均在此召开，通过了美国《独立宣言》。1787年在这里举行了制宪会议，诞生了美国第一部联邦宪法，奠定了美国的民主政制。这部宪法延续至今已两百多年，不管风云如何变幻，美国均沿着这条道路向前走。一句话，费城的光辉已载入了史册。如今，它虽然不再作为美国的首都，但它的历史功绩和光芒依然闪耀大地，照亮美国人民的心。与此同时，骄人的历史也激励着这座城市继往开来，不断增添新的活力，保持了欣欣向荣的发展势头。

为美国独立敲响第一声的
"自由钟"

人们到费城观光，多数是冲着"独立宫"和"自由钟"而来。因此，这一带的人流最密集。那座闪耀着历史光芒、曾在此诞生《独立宣言》和美国宪法的红砖楼房"独立宫"，以及那口为美国独立敲响第一声的"自由钟"，被游客围堵得水泄不通。今天适逢周末，从全国乃至世界各地涌来的游客特别多。人们排着长长的队伍，等待进入历史博物馆参观，瞻仰那口大钟和其他珍贵的文物，估计需要排队等候一两个小时。可惜我们旅行团没有充足的时间，等候不到进馆参观了，只好在博物馆外围兜圈子。幸好，有一个地方可以隔着玻璃窗口往里探望，总算勉强看到了那口"圣钟"的尊容，弥补了一些遗憾。

导游几次提起，美国人民普遍有较高的爱国热情，他们为自己国家的富强而自信，为自己是一个美国人而骄傲自豪。这是自觉形成的意识，而非虚伪的造作。据我们的观察也是如此。这几天，我们到处都能看到美国国旗飘扬，可见一斑。今天，从"费城不废"的景象中，又再次印证了美国人民的爱国情怀。不妨想想，每天都有那么多美国人前往费城，虔诚地瞻仰"独立宫"和"自由钟"，不正好反映出"人心所向、人心所爱"吗？

我们是匆匆过客，希望能通过参观一些景点来更多地了解美国的历史，感受美国的文化，以扩大自己的视野，开阔自己的胸怀，我想这是大有裨益的。

"费城不废"，绝不是一个笑话。

（2017.7.29）

[美加见闻] 之四

波士顿掠影

位于美国东北部大西洋沿岸的波士顿，创建于1630年，至今已有387年历史，是美国最古老和最有文化价值的城市之一，如今是马萨诸塞州的首府。

在很有特色的麻省议会大厦前面，导游给我们介绍了波士顿的"前世今生"，令我们对这座光荣的城市肃然起敬。

当年，英国殖民者从马萨诸塞湾登陆，利用这里濒临大西洋，交通方便，半岛地形等优势，首先盘踞于此地。随之，英国人把带来的文化理念、科学技术、教育模式及管理经验等，融入这块新垦土地之中，慢慢地把波士顿打造成为一个"明星城市"，令世人瞩目。"别看全市只有65万人口，不算多，但素质甚高！"导游不无羡慕地说，"它是美国东北部高等教育和医疗保健的中心，是全美人口受教育程度最高的城市。其经济基础是科研，尤以金融、技术、生物工程饮誉全球，故又被认为是一个全球性或世界性的城市……"

据了解，美国历史上有很多重大事件都发生于波士顿，尤以1773年的"波士顿倾茶事件"影响最为深远，引发了美国独立战争。就在此刻我们站立的麻省议会大厦对面，有个广场被称作"大屠杀广场"。1770年，驻扎在波士顿的英军以保护英国官员为由，向进行抗议的人群开枪，打死了5人，这就是美国历史上著名的"波士顿惨案"。这是导致美国革命的一个背景。由此可见波士顿在美国建国史上不容忽视的地位。

　　真的想象不到，这座世界名城竟有那么多窄小、弯曲而陈旧的街道，以及"老古董"的房子，然而又这么繁荣。我们更感兴趣的是参观两间世界著名高等学府——麻省理工学院和哈佛大学，感受"天之骄子"的学习氛围。

　　麻省议会大厦的外形有点像美国联邦政府的"国会山"，圆顶宫殿式建筑，富丽堂皇，有如鹤立鸡群。尤其是贴了金箔的圆形楼顶，在太阳光照射下闪闪发光，令人赞叹不已。听说在美国一个州的议会大厦的圆顶，能不能贴上金箔，要看这个州有没有出过总统，而且必须出过三位以上的总统。这个说法有待考证，不过，哈佛大学是出过三位以上总统的，波士顿也当之无愧为美国人才高地！

　　该市有上百所院校，其中包括麻省理工学院、哈佛大学和波士顿大学。因此，波士顿又被称为"世界最大的大学城"。我们专门安排了大半天时间到麻省理工学院和哈佛大学参观，颇有点"刘姥姥进大观园"的感觉。

　　波士顿的城市布局，明显有怀旧味道。其中有条叫"自由大道"的马路很有意思。它的起点就在麻省议会大厦前面的广场，贯穿市内很多景点，把

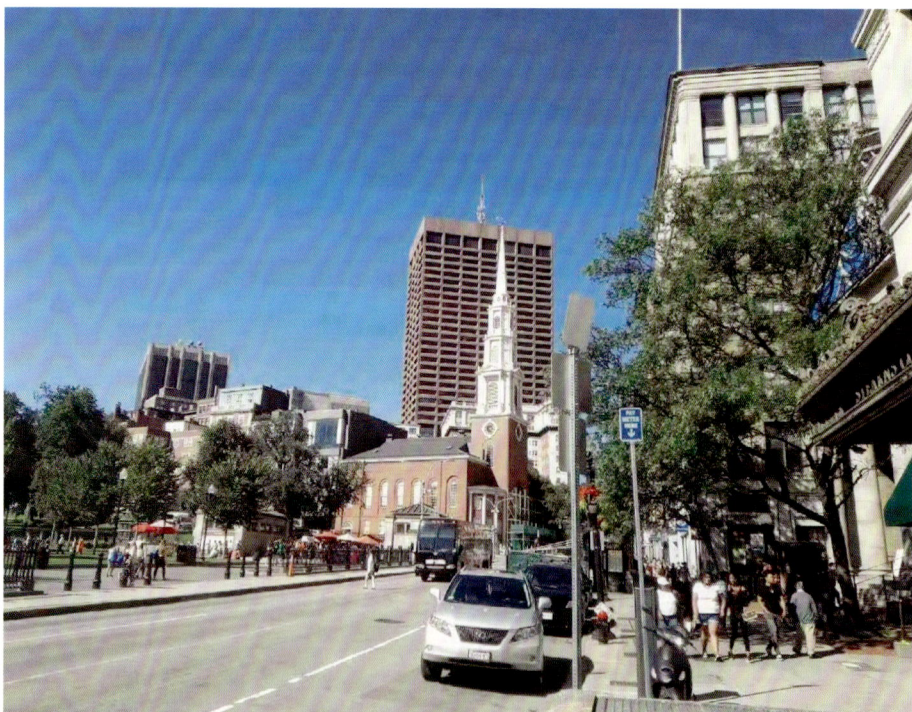

波士顿街景

全市 17 个主要旅游景点都串通起来了。说起来，这条"自由大道"并无多大特色，马路不宽，只有三四米，铺的也是普通水泥地，只不过在马路中间用红砖砌了一条分界线，一直贯通到底，作为"自由"的标志。当然，这一创意是好的，能把全市主要景点串联起来，不必寻找就可通达，对外国旅游者来说，无疑是好事。于是，团友们"各自为政"，三三两两结伴而行，有的游览市容，有的选购商品，有的席地而坐休息。我们发现，市内高楼大厦不少，但街道非常狭窄，到处是"一线天"，连车子都不能通行，就像我们通常说的"步行街"。不过，市容倒很整洁，人们又彬彬有礼，很有绅士风度。

波士顿濒临大西洋，盛产龙虾，全世界都知道"波士顿龙虾"的美名。既然有此盛名，旅行团一般都会安排一顿"龙虾宴"。虽然是自费的，每只 25 美元，不算便宜，但大家"该出手时就出手"，无不先尝为快，由衷地发出赞叹！

波士顿"唐人街"让我们记忆犹新。据说它是全美规模最大的"四大唐人街"之一，尤其街口那座具有浓郁中华民族情调的大牌坊，威严而醒目。牌坊两面的横额上，分别写着"天下为公"和"礼义廉耻"几个大字，令人肃然起敬，倍感亲切！

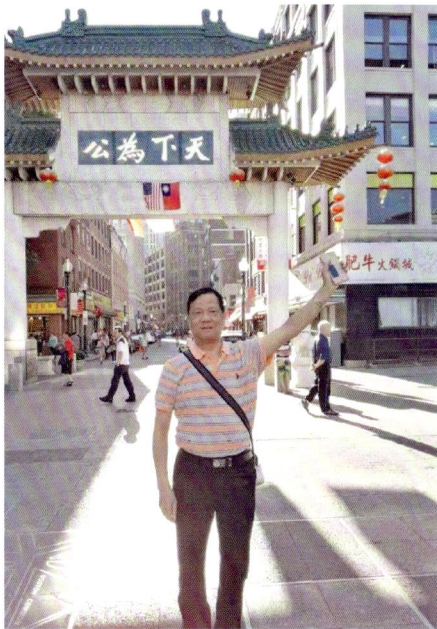
波士顿唐人街

(2017.7.30)

[美加见闻] 之五

美加之旅 "小镜头"
(三则)

随着互联网时代的到来，自媒体蓬勃兴起，"微字号"文章大行其道。这里，我不妨也追逐一下潮流，从旅游记忆中搜索几个 "小镜头"，写成三篇 "微见闻"，以飨读者。

邂逅 "白求恩"

那天下午，我们来到加拿大安大略省议会大厦参观，导游不经意地说了一句："旁边就是多伦多大学，当年白求恩就在该校医学院读书。"正所谓 "说者无意，听者有心"，我们一听到白求恩的名字，便产生了兴趣。因为我们这一代人都背诵过毛泽东的 "老三篇"（《纪念白求恩》《为人民服务》《愚公移山》），知道白求恩是一名国际主义战士，为中国抗日献出了宝贵的生命。

大家都很想进入多伦多大学参观，但导游没有带我们进去，因为行程里未作此安排。但我们禁不住对白求恩的敬仰，便利用自由活动的间隙，匆匆穿过马路，从一个侧门 "溜"进了校园，希望能寻找到白求

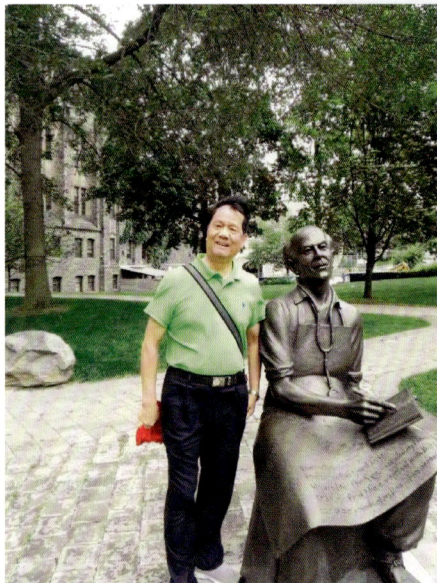

加拿大多伦多大学门外的白求恩雕像

恩的一些史迹。想不到就在门前的一块小草坪上，我们有幸与白求恩"邂逅"了。原来，这是一尊如同真人大小的白求恩大夫石雕像。我们怀着崇敬的心情，与之合照留念。

我们发现，加拿大人对白求恩的关注度远不及中国人高。导游解释说：加拿大人没把白求恩当成偶像来崇拜，而是认为他也是一个极普通的人。据导游介绍，年轻时白求恩曾是一个"浪子"，后来才"改邪归正"，变成一个"脱离了低级趣味的人"。从中我们可悟出一个道理：金无足赤，人无完人。如果要对白求恩"盖棺定论"，称他为忠诚的国际主义战士，那他是当之无愧的。

哈佛有"替身"

我们有幸来到大名鼎鼎的哈佛大学和麻省理工学院参观，对曾经培养出多名美国总统的全球顶尖学府哈佛大学尤其赞叹。哈佛大学始建于 1636 年，是由一些来自英国剑桥大学的名人仿照剑桥大学筹建的，第一届只有 9 名学生。经过几代人的努力，该校规模不断扩大，培养的拔尖人才越来越多，名声逐渐显赫。1638 年 9 月 14 日，当时的院长哈佛先生病逝，向该校捐出了一半积蓄共 720 英镑和 400 多册图书。为表彰其功绩，次年，遂以其名将该校命名为"哈佛学院"，之后发展为以科学研究为主的综合性大学——哈佛大学。

三百多年来，该校创造出举世公认的"哈佛经典"，为全球高等教育树立了标杆。别的不用多说，光是图书馆藏书，该校就有 1 500 万册，规模为全球第五，仅次于美国国会图书馆、大英图书馆、法国国家图书馆和纽约公共图书馆。在该校办公楼前，有一尊哈佛先生的大型雕像，每天都有人前来瞻仰。此刻，我们也怀着万分崇敬的心情，加入了瞻仰的人流。然而，导游却告诉我们，眼前的这尊巨型雕像，并非哈佛先生的原型，而

哈佛校园中的"替身"哈佛雕像

是一个"替身"。为什么会这样？原来，因为哈佛先生生前没有留下任何影像，无法参考，导致要找"替身"，最终从本校挑选出一位酷似哈佛的帅哥充当模特，"冒名顶替"。据说这种现象在美国高校中屡见不鲜。有道是"假作真时真亦假"，人们也管不了这么多了，都将其当作真正的哈佛先生来膜拜。

守候特朗普

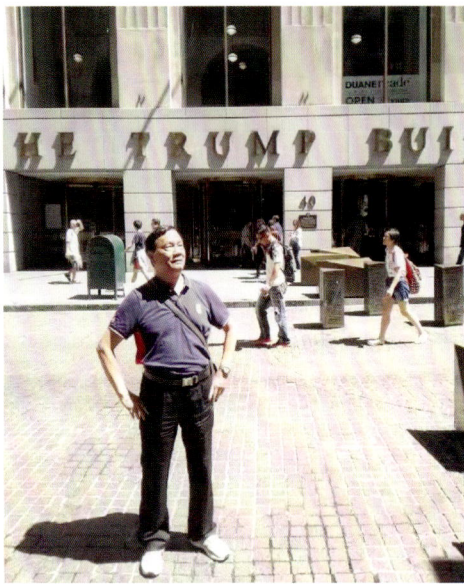

纽约华尔街 40 号，特朗普大厦门前留影

特朗普当上美国总统后，自然地也成为很多人追逐的偶像。我们此次来到纽约，也曾有过"非分之想"，希望能碰见特朗普，一睹他的风采。想不到果然有"机会"。那天上午，我们来到纽约证券交易所附近参观时，"一不小心"发现眼前就是"华尔街40号"。这不就是特朗普大厦吗？对，一点也不假！据导游介绍，这座摩天大厦建于1930年，楼高70层，曾是全世界最高的建筑（现为纽约前20名高楼之一）。它原名为曼哈顿银行大厦，后来因机构变更，几经改名，直至1995年特朗普买下它，才改名为"特朗普大厦"，沿用至今。据了解，目前纽约共有4座"特朗普大厦"，这是其中之一，也可说是他的"大本营"。导游说："在特朗普刚当选总统不久，经常有人在此集会抗议，把大厦包围得水泄不通，甚至把附近街道也封堵了。现在平静多啦！"他说，"特朗普是个很随性的人，过去经常在此大厦出入，如果碰巧的话，说不定真能在此见到他呢！"我们当然知道，导游只是开玩笑，逗大家一乐而已。作为美国总统，相信大多数时间都会待在白宫，哪有这么巧让我们在这里碰见？然而，我们还是耐心地在附近徘徊，直到集合的时间到了，才离开特朗普大厦，只拍了几张照片作纪念。

(2017.8.10)

[法瑞意游记]之一

瑞士为什么这样美

这个标题让人有似曾相识的感觉。不错，这是我从著名电影《冰山上的来客》的插曲《花儿为什么这样红》中"移花接木"过来的。

此前我曾多次到过欧洲，但皆与瑞士"擦肩而过"，直到这次才圆夙愿。过去常听人们说，瑞士是全世界最漂亮的国家，这无疑更让我梦绕魂牵。这次到来一看，果然名不虚传！惊叹之余，不禁提出"瑞士为什么这样美"的问题。通过参观考察，我终于找到了答案：一是上帝特别恩赐，给予它独一无二的美景；二是瑞士人的睿智与专注精神，创造出独特的物质文化；三是充分发挥"中立国"的优势，促进了经济的发展和民生的改善。

瑞士黄金列车

那天，我们乘旅游大巴从意大利米兰前往瑞士，首先来到"国中之国"列支敦士登首都瓦杜兹，游览"袖珍首都"之后，随即过境到瑞士去。说是过境，其实并无关卡，只在一座桥的中间设一边界，两侧各插一面国旗。我们发现，从意大利往瑞士的途中，车子一直在爬坡，预示将来到一个高原之地。果然如此，在瑞士4.1万平方公里的国土面积中，大部分是高原和山地，其中58%属于阿尔卑斯山脉，从而被称为"欧洲屋脊"。由于山地多，自然生态环境非常好，到处都是绿色的原野，森林覆盖率达32.4%，空气格外清新。在众多山区、高原和谷地之中，藏着1 491个大大小小的自然湖泊，其中最大的是日内瓦湖。这里的湖泊水质都很清澈、洁净、晶莹，周围环境十分宁静，仿佛是上帝撒下来的一面面宝镜。因此，瑞士又有"世界公园"之美誉。最为罕见的是瑞士拥有众多冰川，据说有140个之多，冰川占全国总面积4.7%，这是其他国家无法比拟的。这些冰川犹如聚宝盆，一年到头吸引着成千上万来自世界各地的游客。我们此行有幸登上一座海拔3 000多米、名叫"冰川3000"的雪山，在冰天雪地中尽情游玩嬉戏。我们这些"老广"平时难得见到冰雪，此刻尤感新鲜和兴奋！导游不无骄傲地炫耀说："这座雪山不但美，而且人少，任由大家逍遥作乐。一般旅行团是安排到铁力士雪山的，那里景观比较一般，且人满为患，设施也不足，很多时候只能'望雪兴叹'，比起这里大为逊色！"的确如此，有一位团友几年前曾去过铁力士雪山，他予以作证。我们登上"冰川3000"山顶后，还乘坐空中飞渡椅深入广阔的冰原，在雪坡上享受滑雪板的乐趣，还尝试走过连接两座雪峰、跨度达107米、世界第一条悬空钢索桥，领略"一点观三山"（少女峰、马特洪峰、勃朗峰）的罕见奇景。

上帝赐给瑞士瑰丽无比的湖光山色，着实令人羡慕。卢塞恩市也是著名的滑雪胜地，这里有个天鹅湖，风景特别美。横跨湖面一角的那座"花桥"，是欧洲最古老的木桥，名叫"卡佩尔木桥"，形状有点像我国西南地区少数民族的"风雨桥"。但它的两旁种满了鲜花，更加妖娆。我们在桥上漫步走过，可远眺那终年不化的雪山，近处则是苍翠的山林，湖滨一排排西方传统特色建筑，倒映在清波荡漾的湖水中，使人如同置身于仙

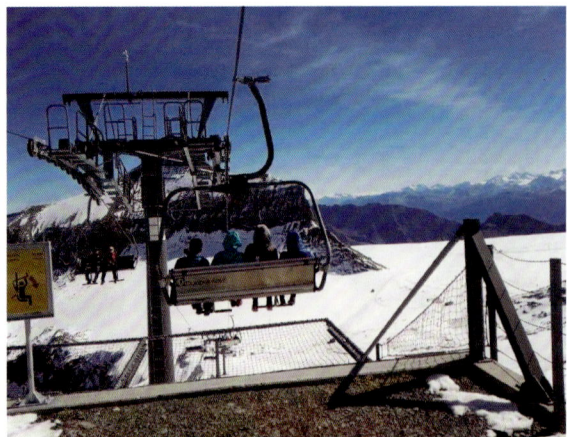

乘缆车登上"冰川3000"

境。我们一边观赏湖景，一边频频拍照，还逗弄在湖边游弋的大天鹅，流连忘返。

在蒙特勒市的日内瓦湖畔，我们还参观了"在水一方"、被誉为"瑞士第一城堡"的"诗隆古堡"，这里的景色更加迷人。淡黄色的古堡沐浴在阳光下，与蓝天白云相映衬，倒映在波光粼粼的湖面上，仿佛一幅会动的风景画。"居住在这里，简直是神仙过的日子！"有位团友赞叹说。"不，千万别来这里住！它曾是一座监狱哩！"导游认真地说。"我不怕！如此仙境般的监狱，坐牢也值得啊！"那位团友接着说。"可不是，我们都想争取机会来体验一把！"团友们不禁哈哈大笑起来。

据导游介绍，瑞士是一个高度发达的资本主义国家，全国人口 800 多万，人均 GDP 8 万美元，长期居于世界前列，在欧洲仅次于卢森堡和挪威。然而，它并非一直以来都这么富裕，以前甚至是一个很穷的国家，只是在近半个世纪才"发"起来的。原来，他们靠的是两样"法宝"：钟表业与银行业。

瑞士人做事特别严谨而精细，对工作十分专注、认真。由于瑞士的矿产资源十分匮乏，所以他们选择了资源耗费较少，高端、精工的产品作为主业，例如钟表、精密机械、化工医药等。一旦选定，就几十年不改变，从不朝三暮四、见异思迁。他们非要把一个行业或一个产品打造成精品，做到极致，无人可比才罢休。结果众所周知，瑞士的钟表业突飞猛进，称霸全球。那些高档手表都是在家庭作坊手工制造出来的。他们宁可工效极低，也要做到产品质量有保证。为此，原材料都是从全球最好的公司采购进口的。

如今，似乎全世界人都要买瑞士手表，但瑞士只有 800 多万人口，即使人人、天天都在造手表，恐怕也满足不了几十亿人的需求。据了解，瑞士钟表业已形成了集团式的经营运作（分别有 4 个大集团），从低端、中端向高端发展，形成了不同档次的产品结构，以适应不同需求的人群。在卢塞恩的天鹅广场（商业街），我们看到一间接一间钟表店挤满了大街小巷，各个品牌、各种规格的手表应有尽有，摆满了柜台，琳琅满目，简直就是手表的天下。

然而，更令人刮目相看的是金融服务业。有人比喻瑞士的银行就是一棵棵常青"摇钱树"。一直以来，人们总觉得瑞士银行业笼罩着一层神秘的面纱，让人看不清、摸不透。是的，因为它有"特殊地位"。由于是中立国，拥有政治稳定、保密性强、保安措施严格、信用良好等一系列优势，从而成为资金的"避风港"和"避税天堂"，吸引了全世界的富豪和重要人物前来储钱，是名符其实的"藏金之地"。据说有一位顾客想在瑞士银行开账户，工作人员问他："你准备存多少钱?"他环顾四周之后，小声说道："500万美元。"工作人员答道："先生，您完全可以大声地说，因为在瑞士，贫穷并不丢人!"好家伙，工作人员把500万美元的存款者视为穷人!

很多时候，在瑞士银行存钱不但没有利息，反而要给他们交纳保管费。可想而知，他们就像"猪笼入水"那样，赚得盘满钵满。目前，瑞士共有280多家银行，被称为全世界最有钱的银行，存放着全球1/4的财富。

瑞士人常说，"我不犯人，人不犯我"，从而避免了很多国际争端，远离战争的威胁。目前全世界有7个中立国，瑞士是"最老牌"的一个，早在200多年前即1815年起就确认为"永久中立国"了，至今一直坚定不移。瑞士一直保持国家稳定、社会祥和、民生富足的状态，老百姓能安居乐业，令全世界都赞赏。

最令人"眼红"的是，目前全世界有200多个国际组织或代表机构在瑞士设立了总部，尤以日内瓦最多。比较重要的机构有：联合国欧洲总部、各国议会联盟、裁军谈判会议、国际红十字会、国际标准化组织、世界贸易组

瑞士风光

织、国际劳工组织、世界卫生组织、万国邮政联盟、世界气象组织、世界知识产权组织、联合国贸易和发展会议、联合国难民事务高级专员公署、联合国欧洲经济委员会、国际奥委会总部、国际足联等。在日内瓦，我们兴致勃勃地参观了联合国总部（外观）及附近的广场。广场上一个雕刻作品让人印象尤深。这是一张有十多米高、东南亚风格的巨大木椅子，一条椅腿被地雷炸断了。作品的创意是反对地

油画般的原野

雷战，因为地雷在战后也会对人类造成无尽的伤害。无疑，这个作品很有现实意义。但我认为还有更深的寓意，可联想到联合国"公平、公正、公开"的宗旨。不是吗？正常的椅子有四条腿，四平八稳，能承受很大压力，一旦断了一条腿，就失去平衡，坐上去就会发生危险。所以千万不能忽视"断腿"的问题，寓意联合国办事要公正，要全面关注各方的利益与诉求。

"瑞士为什么这样美？"三点答案已经详述，我认为"可见一斑"了。所有这些，无论称为"瑞士现象""瑞士模式"，或"瑞士经验"也好，我想对全世界都是有益的启示。

(2017.10.7)

［法瑞意游记］之二

欧洲旅游 "赞" 与 "弹"

　　欧洲得天独厚的自然环境和丰富的资源，加上历史上欧洲人创造的光辉灿烂的文化艺术，使之成为全世界公认的"旅游天堂"。近20年来，我虽然曾多次涉足欧洲，但这次再来到法国、瑞士、意大利，依然兴致勃勃，似乎百看不厌，且有不少新感受。最明显的感受是，欧洲的旅游业方兴未艾，正在突飞猛进，令人欣喜。然而，灯光之下也会有黑影，我们此次欧洲之旅，也存在一些问题，可谓"喜忧参半"。在这里不妨"赞赞弹弹"一番。

　　所谓喜者，就是欧洲旅游业发展形势大好，效益大增。如今，不少国家把旅游业作为支柱产业，旅游业对提振本国经济作出很大贡献。在这方面，中国的"旅游大军"起到了巨大的推动作用，"军功章"有我们的一半。的确，近年来中国人赴欧洲旅游非常火爆，航班常常爆满，酒店一房难求，餐馆座无虚席，景区人潮汹涌，购物商场挤爆柜台。总之三个字：旺、旺、旺！这种情况，我们在法国、瑞士、

巴黎圣母院的雄姿

意大利都亲眼看见，置身其中。尤其是在威尼斯、巴黎圣母院、卢浮宫、凡尔赛宫、埃菲尔铁塔、塞纳河、老佛爷购物中心等热门景点，人流之"爆棚"，远远超过以往的经历，令人感慨！导游列举了一些数字，可惜我记不清，只知道都是天文数字。有人形容这是"没有机器的印钞厂"，十分形象。导游说，如今欧洲旅游业如日中天，太牛了。过去是工业强国，制造业创造了大量外汇，政府像"宠儿"一样爱护与支持工业。但如今，"宠儿"的地位已让给旅游业了。事实正是如此，生产和出口传统工业产品不如发展旅游业赚钱。哪怕像空客 A380 这样的巨无霸飞机，创造的经济效益也比不上旅游业。

然而，欧洲旅游业发展过快，也带来了隐忧，表现在市场混乱、资源透支、生态失衡、扰民严重等方面。由于到处人满为患，游客不能随心所欲地参观，只能完成任务似的游览，这就失去旅游的真正意义。卢浮宫就是一个典型例子。本来，游客对艺术珍品都有浓厚兴趣，而且艺术珍品需要细致地欣赏，才能领会其神韵。但实际上根本做不到，驻足片刻不到，就被人流推走了，甚至想多瞄上一眼都是奢望。这哪里是艺术享受啊！导游解释说："一方面游客确实太多，另一方面我们来晚了，参观时间不够。"这也是实话。原来，我们在路上遇到大塞车。我们下榻的酒店位于巴黎市郊，正常情况下，车程约需 1 个小时。我们 6 点钟起床，匆匆吃过早餐就出发，预计 9∶30 可赶到，进馆参观。想不到那么早，路上也塞车，足足耽误了 3 个小时。由于还要赶下一个景点，所以在卢浮宫的时间被大大压缩了。导游也很无奈，忿忿地说："巴黎真是令人爱恨交加！这个全世界排名第一的旅游城市，每天都有千千万万游客涌进来，这几天又刚好赶上时装节，人潮更汹涌，于是造成交通拥堵，严重塞车，这已经成为常态。"稍停，他补充说，自己是个"老行尊"，带团游欧洲已有 20 多年经验了，但如今"老革命遇到新问题"，每天都非常担心不能按时赶到景点，心里压力很大，"特别是到卢浮宫参观，每次都像在做一场噩梦"！

在威尼斯，游客更加拥挤。威尼斯市中心圣马可广场，是人流最集中的地方，简直是人山人海！人们真担心这个小岛一下子被踩沉了！

"卖方市场"很容易造成欺行霸市，有关部门只管收钱而疏于管理。其中规定，凡外地车辆进入某个旅游城市，一律要缴纳"进城费"。例如佛罗伦萨和威尼斯，每台旅游大巴每天要交 400 欧元，还不包括停车的费用。那天傍晚，我们本来要进入威尼斯的，但导游考虑早进入一天就要多交400欧元，于是决定在郊区住宿，明晨再进城去。"能省就省啦！"他说。

旅游区物价畸贵。在威尼斯，导游极力推荐大家吃最有特色的墨鱼面，每人只有一小碟捞面，外加几个油炸墨鱼圈和小鱼仔，竟要收42欧元，相当于人民币300多元，且不合我们口味，但又别无选择。

时至今日，欧洲旅游还常碰到如厕收费的尴尬事，动辄收一两欧元，甚至更高。我们实在想不通，如今在中国，很多公共厕所都免费了，为什么在发达国家反而拘泥于这点小钱呢？有团友感慨地说："欧洲旅游生意那么旺，地方政府和居民一定皆大欢喜了！"然而导游不同意这种说法。他说："你以为当地人很欢迎我们的到来吗？不对！人家可不喜欢我们啦！""为什么？""因为人多容易破坏环境，干扰了他们正常、宁静的生活！"

这些年来，很多景区的居民，都因忍受不了越来越多游客的干扰，纷纷逃离了。据说威尼斯在鼎盛时期，共有30多万居民，后来陆续有人搬到其他地方居住了，现在岛内只剩下不足6万人。

导游曾先生还对团友们说，你们开心购物，不要以为店员们也开心，更不要对他们说，我们给你们带来那么多生意，赚大钱了。其实你这样说，人家是很反感的。因为我们疯狂地"买买买"，实际上与他们的收入无关。相反，让他们更累了！众所周知，欧洲人过惯了富裕日子，高福利把人宠坏了，只想多休假，不想多干活，即使给钱也不肯加班的。

还有一个要吐槽的问题：小偷多，让人提心吊胆。我们在米兰大教堂景区参观时，一位团友就被小偷盗窃了钱包。尽管导游三番四次地提醒大家注意安全，这位团友也是慎之又慎，但终究逃脱不了"盗窃高手"的祸害，防不胜防！

(2017.10.11)

重游岳阳楼

"洞庭天下水，岳阳天下楼。"这是古人留下的名句。千百年来，这"一水一楼"不知吸引了天下多少游人来观赏，又有多少名流贵宾、文人墨客为之写下赞美诗文，流传千古。记得21年前，《中国医药报》全国记者会在长沙召开，会后我曾随报社同仁前来游览，对其印象深刻。自此之后，还常常想起它，希望有机会到此重游，可惜一晃多年，还未实现。直到这次与朋友自驾游，计划到湖南、湖北、江西、广东等地转一圈，我才有意把岳阳作为"第一站"，圆了重游岳阳楼的夙愿。

2017年11月3日早上10点，我们从广州出发，一路飞车，行程900公里，于当天晚上8点多才抵达岳阳市，翌晨便迫不及待地奔向岳阳楼。天公作美，朝阳驱散了洞庭湖飘来的晨雾，灿烂的阳光普照着岳阳楼景区，秋意盎然。投入它的怀抱，我情不自禁地发出感叹：啊，岳阳楼！"今非昔比，鸟枪换炮"了！过去只是孤孤单单一座楼，"三步到堂前"，如今已拓展为偌大的一个旅游景区，规模大了好几倍，

岳阳楼前留影

总面积达 33 万平方米。景区共分为五大区域，包括岳阳楼公园、待客区一级平台、湖滨二级平台、城楼城墙部分和楼前广场区等。景点也增加了十几个，分别有南城门、城墙、岳州府衙、双公祠、五楼奇观、雕塑群、碑廊、传统风貌街、小乔墓等。2011 年岳阳楼被评为国家 5A 级旅游景区，其崭新的面貌令我甚为惊喜。

当然，万变不离其宗，"主角"还是那座雄伟壮观的岳阳楼。它坐落于烟波浩渺的洞庭湖边，与对面的君山遥相呼应。主楼虽不算十分高大宽阔，高只有 19.42 米，进深 14.54 米，宽 17.42 米，但其建造独特，为三层四柱、飞檐、盔顶的纯木结构。楼中四根柚木金柱直贯楼顶，周围绕以廊、枋、橼、檩互相榫合，结为一个整体，格外令人瞩目。因此，它与湖北黄鹤楼、江西滕王阁并称"江南三大名楼"。它是"三大名楼"中唯一保持了原貌的古代木楼。

岳阳楼始建于公元 220 年前后，其前身相传为三国时期东吴大将鲁肃的阅军楼，因所处位置特殊，后来成为人们观光游览和文人墨客吟诗抒情的胜地。追源溯流，大概在唐玄宗开元四年（716 年），张说贬官岳阳，常与文人迁客登楼赋诗。之后，李白、杜甫、李商隐、李群玉等接踵而来，相继写下了千百篇佳作。据史料记载，岳阳楼在历史上曾经遭受过火灾、洪涝和战乱劫难，又多次重建，最近的一次重修是在 1984 年，4 年后被国务院确定为全国重点文物保护单位。

我们怀着浓厚的兴趣，顺着鱼贯的人群登上了岳阳楼，一览浩瀚的洞庭湖风光，仔细观赏楼内展出的珍贵历史文物。其中，最著名的莫过于清代书法家张照书写的范仲淹《岳阳楼记》雕屏。这块雕屏由 12 块紫檀木拼成，其文章、书法、刻工和木料一起，被人们统赞为"四绝"。《岳阳楼记》成文于近千年前，至今仍脍炙人口，其中有两句话"先天下之忧而忧，后天下之乐而乐""不以物喜，不以己悲"，人们更是倒背如流。用时髦的话来说，这是"充满正能量"的励志名言。记得我是在很小的时候就已记诵这两句名言，但今天在岳阳楼上重温它，倍感意义非凡，感慨殊深。

登上三楼，可见由诗仙李白亲笔题写的"水天一色，风月无边"的诗句对联。在对联之间，有毛泽东抄录杜甫《登岳阳楼》名诗的屏风。杜甫诗云："昔闻洞庭水，今上岳阳楼。吴楚东南坼，乾坤日夜浮。亲朋无一字，老病有孤舟。戎马关山北，凭轩涕泗流。"但不知是笔误还是有意为之，毛泽东把

"老病有孤舟"一句中的"病"字改为了"去"字。

参观完岳阳楼之后，景区的工作人员推荐我们到君山岛一游，说那里胜似世外桃源，且有好些罕见的古迹。21年前我初访岳阳楼时没到过此处，为了"填补空白"，自然不会放过。从南岳坡码头乘坐水上巴士（快艇），跨越烟波浩渺的洞庭湖面，20分钟后即到达君山码头。随之登上小岛，发现这里果然像是神仙居住的地方，树木葱茏，凉风

与战友潘英棠登上岳阳楼

习习，空气格外清新。同行的战友潘英棠先生感慨地说："太好了，君山的空气简直可以装进罐头去卖啊！"

听说岛上有个古迹"二妃墓"（也称"湘妃墓"），最值得一看。于是我们顺着路标指引，沿着蜿蜒的林荫小道走呀走，"山重水复疑无路，柳暗花明又一村"，终于找到了。真的想不到，这里竟然"隐藏"着"华夏第一妃墓"！这"二妃"（"湘妃"）原来是指尧帝的两个女儿。传说尧帝"交班"给舜帝时，把他的两个女儿也许配给舜帝了。后来，"二妃"尽力辅助舜帝治理国家，做了很多好事，流传下不少佳话。一年，舜帝南巡到了江西，"二妃"知道后，为了更好地照顾和保护丈夫，便悄悄地尾随南下寻找。而当她们来到岳阳君山岛时，噩耗却传来：舜帝在途中崩逝了！"二妃"顿时悲痛欲绝，姐妹俩抱着山上的竹子痛哭，点点泪珠滴在竹子上变成了斑。随之，"二妃"一起跳下洞庭湖自尽。后来，遗体被人捞起，安葬在君山岛上。这就是"二妃墓"的由来。

时隔21年，重访岳阳楼，初访君山岛，我感慨良多，获益匪浅！

（2017.11.4）

[缅甸印象]

"满天神佛"话缅甸

　　广东有句俗话：满天神佛。近日，我到缅甸旅游，发现这里几乎全民皆信佛，到处可见佛寺、佛塔、佛像和有关佛的传说，于是联想起"满天神佛"这句俗话来，干脆把它用作本文的标题，意指处处可见佛，增添些趣味性。

　　缅甸是我们的邻邦，一向有"胞波"情谊，但由于过去该国经济比较落后，旅游业没有很好地开发，故中国人很少前往观光，对其知之甚少。记得几年前，我去泰国北部的清迈旅游，曾在清莱"顺便"过境到缅甸，在一个边境小镇转了一圈，也算是到过缅甸一次。这次可不同，属真正的"深度游"。导游打着的旗子上就写着"缅甸探秘"的字样。的确，我们这次先后深入仰光、内比都、蒲甘和曼德勒等几个具代表性的城市，观光内容可谓丰富多彩。

　　当地导游阿芬是个中年妇女，第4代华侨，祖籍云南瑞丽，中文说得很好，对中缅两国的情况也很熟悉。她直率地说："我相信你们都是资深驴友，曾经到过世界上很多国家，最后才来缅甸旅游的。你

缅甸规模最大的寺庙

们的选择没有错，我们缅甸也有不少值得一看的地方。最有代表性的无疑是佛塔，这是缅甸传统文化的精髓，世界独一无二的文物。"

的确如此，我们来到缅甸犹如来到了一个佛国。导游介绍说，缅甸有5 300多万人口，其中88%的民众信奉佛教。因此，无论你在大小城市或边远乡村，都能看到很多白色或金色的佛塔，在阳光照耀下闪闪发光。还有不少气势恢宏、庄严神圣的佛寺遍布各地。同时，也会看到一队队穿着黄色袈裟的和尚

缅甸曼德勒一座由柚木桩支撑的千年古桥，过去专为国王修建和通行

和穿着粉红色袈裟的尼姑在行走，构成了一幅独特的风情画。

有人估计，缅甸在历史上修建的佛塔多达百万座，至今尚保留10万座之多。最早建的佛塔距今已有2 000多年。而大规模兴起建佛塔之风，则是在第一代蒲甘王朝时期。所以说，蒲甘是缅甸佛教文化的发源地。公元1044年，第一代蒲甘王朝国王阿奴律陀正式确定佛教为国教，并开始大力宣传，大造佛塔，此后延续了几个朝代。据说仅蒲甘一地就有4万座佛塔，被人们称为"万塔之城"。由于受到漫长岁月无情风雨的侵蚀，大多数佛塔已坍塌无存，至今仅幸存2 000多座，其中保存较完整、规模较大的有100多座。

导游领着我们参观了其中最著名的阿南达塔和瑞喜宫塔等几座佛塔，还安排了一个"塔林穿越"的项目。即两人乘坐一部传统式样的马车，在颇为偏僻的村落、塔林和树丛中穿梭，领略散布于原野、荒草、树林中充满浓郁风情的民居，以及佛塔群的风光，真可谓"出门见佛塔，步步遇菩萨"。缅甸不但佛塔数量多，而且各具特色。既有高耸入云、巍峨绚丽的巨塔，也有一两米高、简单朴素的小塔；既有矗立在村头、山巅的单座佛塔，也有多座连在一起的塔群。这些佛塔大多为钟形，塔顶尖耸，附带各种装饰，塔周围有无数小塔和亭台。每座佛塔均安放一个以上的释迦牟尼佛像，有些甚至有舍利子。佛塔的建筑风格浑厚、古朴、庄重、典雅，凝聚了劳动人民无数的心血和智慧。

在众多佛塔之中，当数仰光的"大金塔"（当地人称"瑞德恭塔"）最为

缅甸仰光举世闻名的大金塔

著名。它坐落在一个小山岗上，是全市最高的建筑物（政府规定，市内任何建筑物的高度不得超过它），非常壮观，富丽堂皇，历史也最悠久。它与印度尼西亚的婆罗浮屠塔和柬埔寨的吴哥古迹，合称为东南亚三大最著名古建筑。主塔建在 14 英亩宽的山顶平台正中央，四周围建了 64 座小塔，四个角则各建了一座中塔。铺满大理石的平台四周，建有许多佛堂、亭榭，形成一个巨大的塔群。大金塔主塔高 112 米，塔基周长 427 米，塔身贴了重达 7 吨多的金箔，塔顶的金属宝伞上面镶嵌了各种宝石 7 000 颗，塔顶悬挂着逾万个风铃，其中金铃 1 000 多个，银铃 400 多个。无论在阳光下，还是在夜晚的灯光下，大金塔永远都是金碧辉煌，观之无不令人惊叹叫绝。

在仰光，还有一座号称世界最大的玉佛，重达 600 吨，据说原石产自曼德勒地区。整块玉石被开采出来后，经初步雕刻，然后运抵仰光进行精加工，最后安放在现址。不妨设想，雕刻成形后的玉佛已达 600 吨，那么原石的重量肯定大大超过这个重量。不仅巨无霸玉佛本身令人惊叹，其运输与吊装的技巧，也让人难以想象。真幸运，这些世界著名珍宝，我们这次都观赏到了。

在缅甸第二大城市曼德勒，我们还参观了"末代王朝"的皇宫，里面也有很多佛堂和佛像，堪称佛国之缩影。这座面积巨大、有一条护城河围绕着的皇宫，名叫贡榜皇宫。如今它大部分为军方所用，只有小部分对外开放。

走出皇宫，我们又来到一个更令人惊叹的圣地——固多图塔林。这里因拥有一部"世界最大经书"而蜚声天下。这本"书"有 729 页，实际上是 729 块石碑，每块高 152 厘米、宽 106 厘米、厚 15 厘米，正面刻着密密麻麻的经文，立在白色小石塔内。此"书"的主编是贡榜王朝第 9 位国王敏东。据说当时他征集了数以千计的能工巧匠，花了很长时间才将此塔林建成。后来，他又请了 2 400 名高僧以接力的形式，诵读这部奇特的石刻经书，僧侣们整整用了 6 个月时间才诵读完，可见内容多么浩瀚！

曼德勒还有一家全国最大的佛学院，我们专门去见识了一场颇有意思的"佛事活动"——千僧宴。只见 3 000 多名僧侣排队走向膳堂，一起用膳，场面十分壮观。从上午 11 时开始，他们便从各自的宿舍走出来，排队走向饭堂。他们身穿鲜艳的袈裟，手捧金钵，个个神情严肃，目不斜视。由于人数太多，加上步履缓慢，队伍足足走了半个小时才结束。僧侣们领取饭菜之后便进入饭堂，"对号入座"用餐。这本来没啥好看的，精彩部分在于排队进场途中。其时，两旁聚集了大批围观的群众，一些善信或团体趁机给僧侣们布施礼物，有的送上饼干、糕点或日用品，有的则送上钞票（大多是 1 美元纸币）。僧侣们"来者不拒，多多益善"，有些僧侣的金钵堆满了，物品几乎掉到地上，有些狼狈，但他们仍然一脸严肃。据说，布施者必须事先联系佛学院，经佛学院同意才有"资格"前来布施。我们看到，僧侣们收到的礼物有多有少，相差悬殊，似乎有些"不公平"。导游阿芬解释说："不会的。这些礼物都归公，进行统一处理。"

说真的，3 000 多名僧侣一起用膳，如此大阵仗的场面，我还是第一次看到，犹如观摩好莱坞在现场拍摄大片，十分新奇，令人难忘！

导游介绍说，缅甸男人一生中都要出一次家，当一次和尚，才算真正的男子汉。出家时间可长可短，少则十天八天，多则几个月或更长时间，甚至一辈子当和尚。和尚在缅甸的地位非常高，社会上也形成了一种尊崇和尚的风气。即使是小孩子，一旦进入寺庙当和尚，他的地位马上就变了。即便是父母，在他面前也不能以长辈自居，而变成"施主"，反过来要向孩子礼拜。人们若在公共场合遇到和尚，都要礼让，坐公共汽车时，除了孕妇之外，其他乘客都要给和尚让座。有时候，社会上发生一些纠纷，政府也解决不了，若请高僧出面调解，就能解决问题。因为群众都相信"佛是公正的"。

(2017.11.22)

[北非之旅] 之一

不一样的阿拉伯人

　　投入摩洛哥的怀抱，很自然就联想到阿拉伯风情。

　　的确，据当地导游哈木先生介绍，在摩洛哥 3 600 多万人口中，80%是阿拉伯人，其余是柏柏尔人或外国侨民。然而，颇令人诧异的是，我们在摩洛哥却没有感受到太多的"阿拉伯味"。最明显的是，很少看到人们穿阿拉伯式长袍和戴瓜皮帽子，女性也很少披头巾，不会把脸包得严严实实。人们一般都是穿便装或牛仔裤之类，从外表上看，与非阿拉伯民族无异。此外，当地人清规戒律也很少，女性可以与男性一起参加社会活动和文娱体育活动。为此，我们问导游哈木先生是怎么回事，哈木先生解释说，这与历史和地理环境有关。由于摩洛哥曾长期被西班牙和法国等占领，留下了不少欧洲文化。加上摩洛哥地理位置很接近欧洲，与欧洲有着千丝万缕的联系，所以把欧洲人的一些思想意识和生活习惯也"拿来"了，渐渐地便改变了本土的传统习俗。

　　哈木先生说，目前摩洛哥的阿拉伯人，不但生活习惯上发生了较

和摩洛哥导游在一起

大改变，就连宗教礼仪也渐渐"淡化"了。众所周知，伊斯兰教礼仪是很繁杂和严格的，光是祷告活动，每天就要进行多次。但如今的摩洛哥人（大多是逊尼派穆斯林），随意多了。遇到祷告时，如刚好工作忙或有别的原因，可以不做，或把几次活动合并成一次来做，甚至一个星期"补做"一次。他们认为，只要心中装着真主就行了，形式上可不作严格要求。

在摩洛哥最大城市卡萨布兰卡，有一座耗资 5 亿多美元建成的哈桑二世清真寺，占地 9 公顷，可同时容纳 10 万人进行祷告活动，规模之大仅次于沙特阿拉伯的麦加

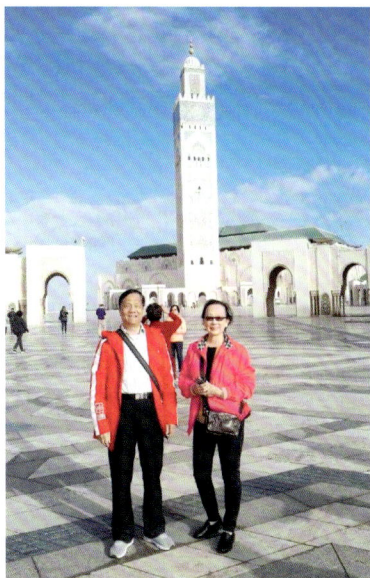

摩洛哥最大的清真寺

和麦地那清真寺。我们前往参观时，没有太多限制，游客们穿着普通服装便可进去参观。记得几年前我们去迪拜旅游参观清真寺时，女性必须穿上黑色长袍，包上黑色头巾，并要求男女分开。这次参观哈桑二世清真寺，就没有这些规定。

谈到婚姻习俗问题，有团友半开玩笑地问导游哈木先生："听说你们可以讨 4 个老婆，你有几个呀？"哈木先生笑着回答："很遗憾，我今年 30 岁了，还一个老婆也没有呢！"他接着解释，按照传统，每个男人是可以娶 4 个老婆的，但这要看实际情况，并不是要求每个人都娶 4 个老婆不可。特别是现在，人们的生活压力较大，结婚时女方一般都要求男方有房子、车子，很多人条件不允许，所以绝大多数男人都只娶一个老婆。

"那么，你的条件又怎样？"有团友故意问他。

他开玩笑地说："我的条件还算不错，有房有车。不过房子是租的，车子则是破旧摩托车！"他的话引起团友们一阵大笑！

在摩洛哥，我们耳闻目睹了这些"不一样的阿拉伯人"的生活状况以及趣闻逸事，彼此间似乎拉近了一些距离，也增进了亲切感，消除了"刻板印象"。

（2018.3.11）

[北非之旅] 之二

"花园古都" 风情浓

也许你不相信，在摩洛哥南部靠近撒哈拉大沙漠边缘的马拉喀什市，竟享有"南方明珠"和"花园古都"之美誉。它曾两度成为摩洛哥的王都，直到如今仍然是该国南方的政治中心，王宫依然屹立于城内。

有意思的是，这座城市所有建筑的外表都是红色的。皆因以前建房子时，山上采凿下来的石头都是红色的，为了保持这一传统，所以该市的建筑物一律以红色为基调，直至今天。这也成为该市的一个显著特点。我们驱车 3 个多小时，从卡萨布兰卡抵达马拉喀什，一进入市区，立即就被街道两旁那整齐壮观的"红色经典"建筑物震撼了，异口同声地发出惊叹！

除了"红色经典"之外，马拉喀什还拥有众多名胜古迹和幽静的园林。导游指着车外郁郁葱葱的园林告诉我们，在沙漠边缘地区，也拥有丰茂的植被！最具代表性的树木有 3 种：棕榈、油橄榄和柑橘。而最诱人的景观是花园。据导游介绍，该市共有 20 多座声誉甚高的花园，以其妖娆的风姿、奇异的花卉，吸引着世界各地的游客，使之荣膺"摩洛哥第一

摩洛哥千年古城马拉喀什的地标建筑清真寺

旅游城市"称号。这次我们就有幸参观了其中最负盛名的伊夫·圣洛朗花园。这是世界著名服装设计师伊夫·圣洛朗的私家花园，他去世之后，成为对外开放的世界级花园。园中共栽种了200多种珍贵的花木，以各种罕见的仙人掌等热带植物居多，也最为奇异和壮观。在园中，我们尽情参观游览，拍摄了不少珍贵的照片，花了一个多小时才恋恋不舍地离去。

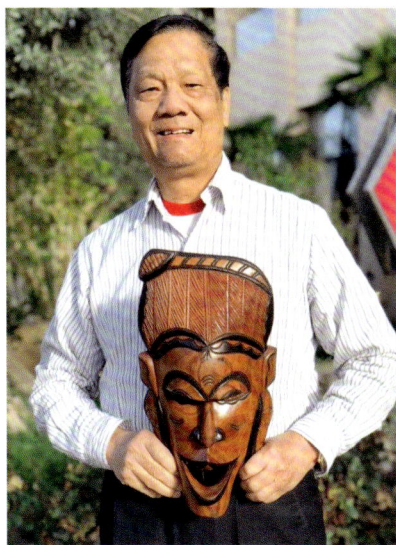
马拉喀什颇具特色的木雕面具

要说热闹的地方，还数"不眠广场"——贾马夫纳广场。它其实是一个露天大集市，面积广阔，风情独特。更确切地说，是江湖卖艺者和做小商品生意者的天堂。因此，广场从早到晚都很热闹。我们随着汹涌的人流进入广场后，立即被非洲劲舞、玩杂耍、说书讲故事、耍猴子、逗眼镜蛇等表演项目所吸引。但因人太多，情况太复杂，秩序太乱，我们都不敢挤进人群，只站在外围远远地眺望。广场中见缝插针地摆满了各种小商品摊档，有卖食品的，有卖药材、茶叶的，有卖各色工艺品、布料、衣服、鞋袜和皮革制品的，琳琅满目，林林总总，令人眼花缭乱。我们的团友大多数都只是凑热闹的看客，少有解囊购物的，只有我"最土豪"，分别花了12美元和25美元买了两件纪念品——银茶壶和木雕面具，并为此自鸣得意。想起这些年来，我到过不少地方，见识不少，但像马拉喀什"不眠广场"这么热闹和喧嚣的情景，还是第一次看见。怪不得它在北非乃至全世界知名度这么高！

马拉喀什还有一座具有900多年历史的库图比亚清真寺，也是举世闻名，被誉为北非最优美的建筑之一。它最迷人之处，是寺内充满着芳香的气味。若问，香气从何而来？答案是：墙壁中。原来，当初建筑之时，在黏合剂中掺进了大量香料，从而使整座清真寺芬芳弥漫，至今近千年，香气仍不断从墙壁中散发出来。这真是匠心独运、举世无双的伟大杰作！

(2018.3.13)

[北非之旅] 之三

"小康之国" 摩洛哥

在一般人的印象中，"远在天边"的摩洛哥，一定是贫穷落后的地方。其实不然。它地处非洲的最西北部，濒临大西洋和地中海，拥有漫长的海岸线，沿海一带土地肥沃，气候温和，自然地理条件可谓得天独厚。由于历史原因，摩洛哥过去曾长期被法国、西班牙等欧洲列强统治，留下了不少"欧洲元素"，既有"非洲风韵"，又有"欧陆情怀"，因而往往让初来乍到的人迷茫了，"一不小心"还以为来到了欧洲呢！

我们的旅游路线以北部的卡萨布兰卡市为起点，一路向南，先后经过马拉喀什、拉巴特、梅克内斯、菲斯等有代表性的城市，然后再北上返回，兜了一个大圈，行程数千公里。沿途的所见所闻给我们留下的总印象是：摩洛哥已步入小康社会。具体表现在经济发展较快，民生较富裕，社会和谐，治安良好，是一个旅游观光的好地方。

的确，摩洛哥的自然生态环境不错，令人羡慕。一路上我们看到，广阔的原野绿草如茵，春意盎然。看不到"穷山恶水"，举目皆是锦绣田园。特别是号称"农业首都"的梅克内斯，田园风光更加美丽，

从这里进入"世界最大步行街"
（菲斯市老城区）

一望无际的草地与茂盛的橡木林、橄榄树相互交织，宛如一幅油画，美不胜收。触景生情，导游哈木先生特意找出我国著名作家三毛创作的歌曲《橄榄树》给大家播放："不要问我从哪里来，我的故乡在远方。为什么流浪，流浪远方……为了心中的橄榄树，橄榄树……"团友们于是跟随着节拍，齐声附和起来。顿时，愉快的歌声回荡在车厢，飘向广阔的天空和无垠的原野……

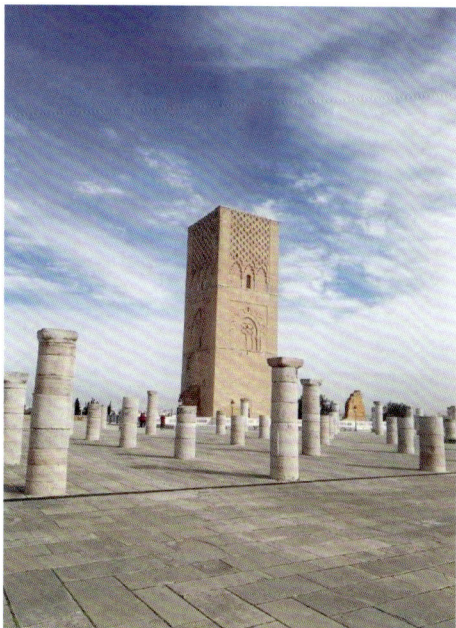
古城马拉喀什一座毁于战乱的清真寺遗址

说摩洛哥已步入小康社会，有什么标准呢？据导游介绍，近年来该国GDP年增长率在5%以上，人均GDP达3 000美元，在非洲排第五位，在北非则位居前列。我问："摩洛哥人平均月薪多少？"导游回答说："折合人民币2 000～4 000元。"

很多人会问：目前摩洛哥的社会环境和治安状况如何？据我们的观察和体验，结论是：不错。社会气氛比较祥和，治安良好。这不禁让我们想起在广州报名参团时，一些亲友对我们"冒险"到摩洛哥旅游，表示担心。但事实证明，那是"杞人忧天"。我们在摩洛哥走南闯北，从城市到农村，都没碰到让人神经紧张的事，自始至终"平安无事"。在普通地方如此，在特殊地方也一样。一天上午，我们来到首都拉巴特摩洛哥皇宫参观。皇宫是国王的"办公重地"，按理是"闲人免进"的，特别是对外国普通游客，更会拒之门外。然而，摩洛哥皇宫却大门洞开，任人进出参观，除了办公楼，其他地方游客都可随便"溜达"。由此可见，摩洛哥的政治环境是比较宽松的。

（2018.3.14）

［北非之旅］之四

"欧洲后花园"突尼斯

有道是"听者为虚，见者为实"。突尼斯被称为"欧洲后花园"，过去我只是道听途说，不大相信。心想，那是非洲呀。然而，这次到来一看，才知道欧洲人果然有眼光。中国籍导游陈小姐说，一贯"很会享受"的欧洲人，早就盯上了这个"后花园"，频频到此观光旅游和度假。故此，突尼斯的旅游业已兴旺了几十年。可惜我孤陋寡闻，对突尼斯一直很陌生，知之甚少。

在旅游大巴上，陈小姐打开一张突尼斯地图为我们讲解，我一看，不禁惊叹：原来突尼斯的地理环境这么优越，简直称得上得天独厚。你看，北面和东南面就是地中海，海岸线长达1 300多公里，资源十分丰富。常识告诉我们，但凡"沾上"地中海光芒的国家，都是好地方。更何况它处于地中海中央，是通往大西洋的咽喉之地，紧扼着欧洲和西亚、中东诸国海上贸易的"生命线"。它与意大利、希腊等发达国家隔海相望，与欧洲可谓一衣带水，关系密切。作为旅游胜地，它有

突尼斯城附近、地中海岬角上的"蓝白小镇"

3 000年历史，拥有无数珍贵的文物古迹。"总之，它是世界上为数不多的集海滩、沙漠、山林和古文明于一体的国家。"陈小姐不无骄傲地说。据悉，阿拉伯联盟总部也于1979年迁至该国。1997年联合国评定其为"世界文化之都"。我们此次来到突尼斯，虽然只游览了5天，但其精华大都领略到了。

我们先从北向南走，然后再从另一条路线返回北部到首都突尼斯城。旅游的第一站就是著名的"蓝白小镇"。这个古镇位于首都附近地中海海边的一个岬角，自

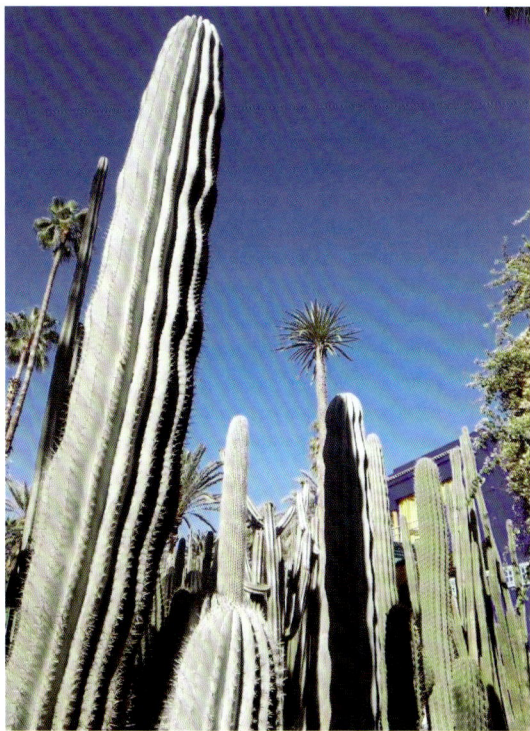
巨大的仙人掌

然环境优美，风格独特，所有房子的墙壁都是雪白色，窗户则是蓝色，配上精雕细琢的圆顶拱门，种上粉红色灿烂的非洲凤仙花，非常富有韵味，吸引了世界各地很多艺术家到此定居或采风，因而被称为"艺术家天堂"。这里有个最佳拍摄点——位于地中海海边山坡的一间咖啡屋，曾有一名摄影家的一幅杰作登在世界著名杂志《地理》作为封面，从此"蓝白小镇"名声更响。我们自然不会错过这个机会，纷纷来到咖啡屋，一边欣赏无敌海景，一边拍摄风光照片，虽然不指望登上"大雅之堂"，但回去向朋友炫耀，也算有些"资本"了。镇上的斜坡街道热闹非凡，街两旁挤满小商店，各种日用品、特色工艺品琳琅满目，选购者众。有些团友甚至深入一些横街窄巷猎奇，希望感受更多独特的风情。我在这里也有"意外收获"，为朋友买到一个木雕面具。此"任务"在摩洛哥时未能完成，正在犯愁之际，想不到在突尼斯的"蓝白小镇"找到了，真可谓"踏破铁鞋无觅处，得来全不费功夫"！

离开小镇之后，我们又驱车逾百公里，直达"世界第四大圣城"凯鲁万。这里有很多世界罕见的名胜古迹，例如1 000多年前建成的巨大储水池，北

非地区最早、规模最大的"大清真寺"，一百多座伊斯兰圣人陵墓（其中最有名的一座是穆罕默德的挚友西迪·撒哈卜的陵墓）。正因为凯鲁万有这么悠久的历史和特殊地位，才使它跻身"世界四大圣城"之列。

突尼斯南部就是撒哈拉大沙漠，这是我渴望已久的地方。这次有机会前往"撒野"，不免十分兴奋。我们乘坐的是大马力四驱越野车，在茫茫无边、此起彼伏的沙丘中横冲直撞，充分享受"沙海冲浪"的刺激，乐趣无穷。最后，来到大漠深处一个新奇的景点——美国大片《星球大战》的拍摄现场。这里搭建和安装了"外星人村庄"和多个"火箭发射器"，非常逼真，我们仿佛来到了外星人居住的世界，在荒凉无比的情境中回味剧中之情景，妙趣横生。离开"外星人的世界"之后，紧接着我们又来到一个真实的"远古世界"——著名的杰瑞德盐湖。这是百万年前大海的遗址，如今已变成茫茫浅滩，雪白的盐层一望无际，宝贵的盐矿取之不尽。奇妙的是，在茫茫沙漠和盐湖的远方，我们隐约看到了海市蜃楼，起初有点不大相信，后来经导游证实，那的确是海市蜃楼。有些豪气的团友还去了另一个奇景"沙山绿洲"（自费项目）参观，欣赏罕见的沙漠瀑布，体验奥斯卡获奖影片《英国病人》的实景拍摄原址。

拥有 3 000 年文明史的突尼斯，文物古迹和博物馆自然不少，这次我们参观了其中一个最著名的"巴尔多国家博物馆"。该馆原是突尼斯历代皇宫的所在地，"原貌"与"馆藏"相得益彰。目不暇接的突尼斯各个时期的珍贵文物大放异彩，令人叹为观止！

突尼斯最早的居民为柏柏尔人，聚居于马特马他地区一种特殊的洞穴里。为了解他们的生活状况，我们来到其中一个有代表性的部落，饶有兴趣地参观了一家柏柏尔人居住的洞穴。我们看到，这些洞穴的开掘其实是很科学的，从外面根本看不出这里暗藏着一座"豪宅"，内结构既通风又透光，且野兽和盗贼不容易光顾。由于这些洞穴建筑风格独特，周围环境又很荒凉，从而被第一次拍《星球大战》影片的导演相中，作为该片的拍摄实景地，观众们在影片中看到的外星人迪斯科，就经常出没在这些洞穴里。

真想不到，在马特马他这座"袖珍古城"里，还"藏"着一个大型古代斗兽场。原来，在古罗马时期，这里曾是一座极为繁华的城市，斗兽之风盛行。如今，这个有 1 200 年历史的斗兽场，虽然有不少建筑物已倒塌，但整体模样依然凛凛屹立，是目前世界上保存最好的一个古代斗兽场。据说每年夏天，这里经常举办露天音乐会，可容纳 3 万多人的"废墟"，被人们围得水泄不通。此刻，我们跻身其中，显得非常渺小，而那些饱经沧桑仍岿然屹立的残垣断壁，显得多么雄伟壮观，令人为之无限感慨，深深震撼！

说到"欧洲后花园"最迷人的地方，当然就是海滨城市苏斯了。的确，这座城市能让每一位游客眼前一亮。其最显著的特点是，无论城市的情调还是楼房的建筑风格，大多是法国南部的样

在马特马他这座"袖珍古城"里，"隐藏"着一个斗兽场

式，酷似著名影城戛纳。而最浪漫的地方是花园港口——艾勒·甘塔乌依港。原先我们以为是一个商业大港，其实是停泊私家游艇的内湾港。这里聚集了数不清的大大小小的豪华游艇，帆影绰绰，一派欢乐与繁忙的景象。我们走在幽深、古朴的大街小巷中，但见商店林立，游人如织，充分感受到苏斯这座名城无限的活力与勃勃生机。

"压轴戏"无疑是迦太基城遗址。这个古城遗址位于首都突尼斯城近郊，有近 3 000 年历史（建于公元前 9 世纪），曾是地中海地区政治、经济、商业和农业中心之一，地位仅次于罗马，几千年来，几经兴衰，最终竟"灰飞烟灭"。

"昔日显赫一时的迦太基古城，如今变为废墟遗址，就像一个谜团，有太多奥秘令人费解！"导游陈小姐无比感慨地说。

"费解也要解。"陈小姐接着说，"正所谓'树大招风'，当年迦太基的强势崛起，无意中威胁到罗马帝国的霸权地位，从而引来祸患。为了扼杀这个潜在对手，罗马帝国先后发动了三次'布匿战争'。当时，罗马人对迦太基古城实行焦土政策，连续放火烧城，一连烧了 16 天，直到把它夷为平地。然而，过了若干年后，罗马人又怀念起这座辉煌的古城，决定将其重建。不幸的是，在公元 698 年又被阿拉伯军队毁灭。从此，它就从世界上彻底消失了，真是可惜啊！"

世界著名的迦太基古城废墟

我们来到遗址现场，映入眼帘的尽是几千年前的遗迹，足以让人联想到古城昔日的辉煌。比较完整的建筑是著名的"安东尼浴池"，那是公元2世纪罗马皇帝安东尼亲自运筹兴建的，规模之大、设施之完备，让我们这些现代人都不敢想象，慨叹莫如。从倒塌的柱石、断墙、拱门等物料中，可以隐约看出整个浴池的布局与结构。浴室、更衣室、冷水室、温水室、蒸汽室、健身房、按摩房，一应俱全。有团友开玩笑地说，简直就是一座现代化的保健娱乐中心！

说实在话，以前我也算见过一些世面，但像迦太基古城那样，有那么悠久的历史，那么宏大的规模，那么多文物古迹的旧城遗址，还是头一回看到！

(2018.3.20)

[尼泊尔纪行] 之一

尼泊尔人的幸福感

　　尼泊尔是一个内陆山地国家，我原猜想其社会气氛必定单调而沉闷。其实不尽然。据当地导游阿星介绍，尼泊尔虽然经济不发达，但国民的生活状态很闲适，工作慢悠悠的，天天乐呵呵的，不论富贵贫穷，都泰然处之，家庭和睦。因此，尼泊尔国民的幸福指数很高，位居南亚地区之首。

　　有关资料显示，尼泊尔全国总人口 3 000 万左右，80%以上信奉印度教。国土面积 14.7 万平方公里，约相当于中国的 1/65，国家小，经济又落后，人均年生产总值 1 000 美元左右，被列为世界"最不发达国家"之一。我们问导游阿星这里薪水如何，他说，城市职工平均月薪相当于中国人民币 1 300~1 500 元。可见收入明显偏低。但正如上面所说，他们却心安理得，生活得无忧无虑。

尼泊尔首都杜巴尔广场雄伟的木寺庙

　　我们这次主要在首都加德满都和第二大城市博卡拉两个地区观光。真的出乎意料，虽然当地城乡环境较差，但社会上充满祥和欢乐的气氛。特别是在博卡拉，不但湖光山色非常美，而且市场很繁荣，一派欣欣向荣的景象。

　　博卡拉有一个得天独

厚的旅游项目——"雪山日出"。为了看日出，我们凌晨4点多就起床了，驱车半个小时来到一座山峦上，等待太阳出来。平心而论，观日出并不很新鲜，因为我们在其他不少地方也曾看过。然而，这次除了看日出之外，还能看雪山，这令我们倍感兴奋。随着太阳升起，万丈光芒照射到喜马拉雅山一个叫"鱼尾峰"的山峰时，气势磅礴的景象便跳跃而出。由于相隔甚远，加之有云雾掩饰，那鱼尾峰仿佛突然从天上横空出世！团友们无不兴奋雀跃，乘机抓拍了不少镜头，都说从未看到过如此壮观的景象！

博卡拉还有第二个美景——秀美的费娃湖。很多人想象不到，位于喜马拉雅山南麓的博卡拉，竟有一块如此美丽的"风水宝地"，湖光山色赛过我国江南。我们在费娃湖上泛舟，尽情欣赏谷地的青山绿水，心情无比欢畅。沿湖有一条几公里长的街道，被称为"嬉皮士街"，布满了各式商店、酒吧、餐厅、歌舞厅等。商店里出售的除了舶来品外，还有当地的特产和工艺品。这里既是购物天堂，又是休闲的好去处。我们下榻的酒店就在嬉皮士街附近，晚饭后兴致勃勃地出去溜达一番，选择其中一间较宽敞的酒吧，边饮啤酒边观赏小型歌舞表演。其实，何止我们光顾的这家酒吧气氛热闹，周围不少茶座、歌厅，也是歌舞升平。无论在嬉皮士街上，还是沿着湖边的小道上走，都人流如织。我们发现，在这些"休闲一族"之中，有不少是从世界各地来的"背包客"。一打听才知道，原来尼泊尔又被称为"徒步旅游天堂"，一年到头都有很多外国游客到这里来，或徒步观光，或登山探险，其中就有不少是从中国来的。他们怀着浓厚的兴趣徒步旅游，深入边远、荒凉地区，领略大自然风光，体味民族风情，享受人生乐趣。

是的，这个"世界上最贫穷的国家之一"，其实是一个幸福感很强的国家！

(2018.4.28)

[尼泊尔纪行] 之二

话说加德满都

加德满都是尼泊尔的首都。

通过导游介绍和查阅有关资料得悉,尼泊尔全国共有3 000万人口左右,是世界上最不发达国家之一。据说该国国家财政支出的1/4要依赖国际援助或贷款。造成这种状况的原因,"天时、地利、人和"几个因素都有,但依我个人浅见,最主要的因素还是"地利"不行。尼泊尔是一个典型的内陆山地小国,交通闭塞,没有海港,没有铁路,没有高速公路,空运也只有加德满都一个国际机场,以及博卡拉一个国内小机场。导游阿星调侃说:"我们是故意不修建铁路和高速公路的。因为国家很小,南北距离才300多公里,东西900多公里,如果建了高速公路或开通了高铁,不到几个小时就走遍全国了。这样的话,你们来旅游岂不是只待一两天就走?这样我们不划算啊!"

这当然是笑话,实际上是因为国家落后,无论是经济能力还是技术水平,都不能"随心所欲"。

调侃归调侃,由于尼泊尔没有高速公路,没有高铁,国际航班不能直飞博卡拉,我们吃尽了苦头。我们乘坐

加德满都的小孩,渴望有人请她们当导游

登上观景台，远眺世界最高峰——珠穆朗玛峰

旅游大巴从加德满都到博卡拉，全程只有 200 多公里，却足足走了 8 个小时。这是首都通往第二大城市的唯一通道，被称为"生命线"。然而，这条"生命线"也实在太脆弱了。它沿着险峻的峡谷一直向前延伸，很多路段紧挨着悬崖峭壁，仅有两车道，弯弯曲曲，高高低低，坑坑洼洼，两车迎头而过，惊险万分！

还有另一条"天路"也把我们吓出一身冷汗。为了观赏世界第一高峰珠穆朗玛峰，我们要乘车登上海拔 2 000 米、被称为"喜马拉雅山观景台"的纳加阔特。那是一条狭窄而破烂不堪的山间公路，沿途真是险象环生，一上一下莫不让人心惊胆战！按理说，这些旅游热线或前往世界著名景点的"必经之路"，无论如何都应该修建得好一些，起码不至于存在太多安全隐患，但尼泊尔财力有限，公路年久失修。

尼泊尔除了"缺钱"之外，还"缺人"。

有道是"屋漏偏逢连夜雨"。2015 年 4 月 25 日，尼泊尔遭遇了 8.1 级特大地震，造成大批建筑物严重毁坏。位于加德满都的杜巴尔广场和巴德岗杜巴广场，是全国文物古迹最集中的地方，仅是前者，就有 50 座雄伟而精美无比的古寺庙和旧皇宫，在地震中几乎毁于一旦。为帮助他们修复、重建这些名胜古迹，国际社会给予了大力支援。我们在杜巴尔广场看到，分别有中国、美国和日本等国家给予他们援助，修复工程已全面展开。然而令人不解的是，摊子铺开了，却没有人在工作。3 年过去了，人们看到的仍是"一碟斋"（粤语，意为停工后材料杂乱堆放）。导游解释说，工程进度极慢的主要原因，不是缺钱（钱都由援助国支付了），而是缺人。而缺人又分两方面原因：一是真的人手少，二是工人们出工不出力。若问：为什么人手少？答曰：出国了。据说这些年来，尼泊尔的年轻一代都向往外国，有门路的人都跑到外国读书或打工赚钱，导致留在国内的劳动力严重不足。

最令我们看不顺眼的是市容市貌差。这与上面说到的原因也有关。我们曾来回走了几趟、市内一条 10 公里长的环城主干道，据说从开始维修至今已 3 年多，仍未修好，车辆、行人照旧通行。由于路况不好，导致车辆颠簸，晴天灰尘滚滚，雨天泥泞不堪。此情此景不禁让我们回想起出国前，旅行社召开预备会，嘱咐大家要带上口罩的事，起初不明白何因，到达尼泊尔之后才恍然大悟。

由于城市管理水平较低（或许是缺乏管理意识），加上民众随时随地乱扔垃圾，又无人及时清扫，导致市容差。当务之急尚且管不好，诸如城市绿化、美化、净化等"不着紧"的工程项目，就更无暇（无钱）顾及了。

"别看尼泊尔人穷，但在精神层面或民族意识上，可能'好得满多'呢。"导游阿星很认真地说。由于尼泊尔人绝大多数信奉印度教，比较安分守己，社会矛盾不容易激化，社会比较和谐。尤其值得称道的是，尼泊尔人不会忘本，不会数典忘祖，家庭这个"社会细胞"很牢固。比如说，一个五六口之家，即使只有一个人有工作，每月只赚一两千或两三千元工资（折算人民币），也能过得下去。一个人心甘情愿为这个家庭付出，一份工资养活一家人，哪怕吃糠咽菜，也和和睦睦，其乐融融。有些人出外打工或做生意，赚到了一些钱，可谓光宗耀祖了，但他们还是惦念着老家，回来时总要与家人团聚，宁可屈居在破旧的陋室，也不另觅新居。这就是大家在加德满都甚少看到富人区、豪华别墅区的缘故。"这种'把根留住'的意识，十分难能可贵！"导游最后说。

"是呀，加德满都虽然比较落后，老百姓虽然比较贫穷，但也有值得我们欣赏和敬佩的地方。你看，这里的人笑容很灿烂，对外宾很友好。"一位团友发出由衷的感慨。

这就是我们在尼泊尔走马观花得到的肤浅印象和体会。

（2018.5.2）

［伊朗见闻］之一

初识伊朗人

　　伊朗风情浓郁，文物古迹甚多，很值得一看。然而，最近中东局势动荡，很多人担心我们此次伊朗之行"不安全"。但实际上是"平安无事"。

　　从广州直飞伊朗首都德黑兰，只需 9 个小时，与中国时差仅 3.5 个小时，这对于经常浪迹天涯、动辄一次飞行十多二十个小时的我来说，那简直是"湿湿碎"（粤语，意指小事一件）。

　　德黑兰是伊朗首都，素有"中东巴黎"之称，可想是很诱人的。但我们把"好吃"的东西留到最后"吃"，先往南方走。第一天到达"玫瑰古城"卡尚和"世遗之都"伊斯法

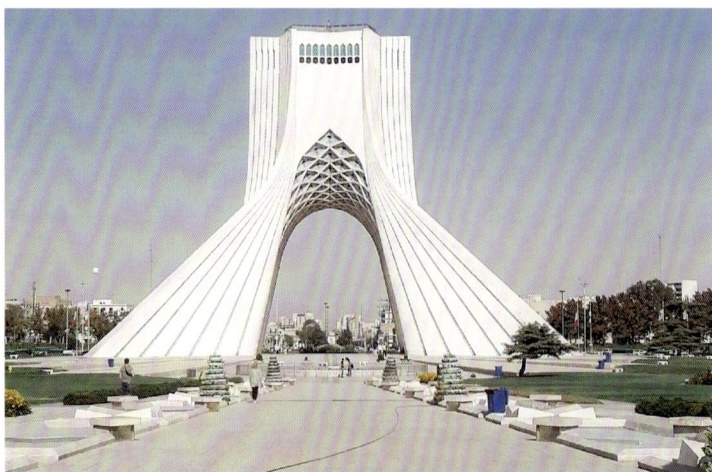

伊朗自由纪念塔

罕参观，它们给我留下了不一样的"第一印象"。

伊朗人绝大多数信奉伊斯兰教，其中以传统意识较浓的什叶派为主，清规戒律比较多。最明显的是着装严格。按规定，女士一律要披带头巾，不得穿短袖衣裤或裙子。男士虽可穿短袖衫，但不能穿短裤。这些规矩，外国游客也必须遵守。

外界传说伊朗"内斗"激烈，但听当地导游说，未必如此。她说，伊朗的穆斯林有很多是波斯人，波斯人是比较热情好客和宽容的，不会闹极端化。波斯人不可以娶4个老婆，是坚持一夫一妻制的；与其他民族聚居，也能互相尊重各自的习俗，"井水不犯河水"，相对比较和谐。这一点，似乎也颠覆了我们以前的认知。

至于自然环境方面，总的印象不怎么好，沙漠多，太干旱，绿色植被太少，显得比较荒凉。我们从德黑兰往南，驱车走了一整天，沿途所见几乎都是荒漠。然而，有人说，但凡"地上不长草，天上无飞鸟"的地方，"地下必有宝"。伊朗蕴藏着丰富的石油资源。

一般说来，伊朗人的生活水平不算富裕。我问导游，当地普通工薪阶层大概月薪多少？她说折合人民币 2 000 元左右。后来我从网上查阅资料看到，没有这么高的收入。然而，这里的物价相对较便宜，所以生活压力不算大。历史上这个国家战争不断，使它们的国力消耗殆尽，国家较贫穷，基础建设滞后。或许与传统意识也有关，在这里，很少看到亮丽的、现代化的大型建筑物。市民的生活也很单调，基本上没有什么娱乐活动，社会气氛显得较沉闷。

这就是我们"初来乍到"对伊朗的肤浅印象

（2018.8.11）

绿洲之间是广袤的旷野

［伊朗见闻］之二

"世遗之都" 名不虚传

　　距离德黑兰约 400 公里的伊斯法罕，是伊朗的第三大城市，也是最重要的旅游胜地之一。我们从德黑兰驱车南下，一路上所见到的几乎是沙漠和荒原，寸草不生，令人甚感苍凉。然而，一进入伊斯法罕市，立即就变了模样，映入眼帘的是绿树成荫，仿佛"柳暗花明又一村"。

　　真想不到，这座城市的风光这么优美，而且拥有众多 11~19 世纪伊斯兰各种风格的漂亮建筑，市况也十分繁荣。原来，它曾是古丝绸之路南部的一个重要站点，东西方商贾

特色鲜明的伊朗建筑

云集、南北商品交流的集散地，商业气氛很浓郁，富甲一方，因而民间素有"伊斯法罕半天下"之说。又由于其500年前曾为萨法维王朝的首都，历经几百年的辉煌，留下了大量名胜古迹和文化艺术遗产，被誉为"中东的佛罗伦萨"，列入联合国世界文化遗产名录。

我们在伊斯法罕待了两天，下榻在一家比较豪华的酒店，颇感舒适。更重要的是有较充足的时间，参观游览了那些很有代表性的著名景点，收获不浅。

伊朗一座著名的清真寺

伊斯法罕作为王朝的首都，经过几代阿巴斯国王的治理与建设，留下了大量瑰宝，其中包括"四十柱宫"、伊玛目广场（又称国王广场）、伊玛目清真寺、阿里卡普王宫，以及传统大市集等。而给我印象最深的莫过于"四十柱宫"。该宫始建于阿巴斯一世，延至阿巴斯二世才建成，是当时接待贵宾和外国使节的重地。原先我们以为，顾名思义，这座王宫一定是有40根柱子，但实际上只有20根大木柱。原来，在王宫的前面，有一个110米×16米的长方形大水池，20根柱子倒映在水里，清晰的倒影与真柱浑然一体，从而让站在水池边往宫殿张望的人们产生错觉，以为有40根柱子。于是，"四十柱宫"由此得名。此宫殿本身无论在建筑材料还是艺术设计方面，都有很多独特和奇妙之处，令人惊叹不已。

然而，若论景点之壮观，非伊玛目广场莫属。该广场位于城市中心，长510米，宽160米，面积达81 000多平方米，为世界第三大广场（仅次于北京天安门广场和莫斯科红场）。它始建于1612年阿巴斯国王时期，当时是作为马球场。在广场周围，分别建有宏伟的伊玛目清真寺和阿里卡普王宫（国王和贵宾可在观景台上观看马球比赛）。广场四周则是传统大集市，各式商店紧紧相邻，商品应有尽有，琳琅满目，游客和顾客摩肩接踵。我们很多团友都在此选购了一些心仪的工艺品和日用品，带回国作纪念。

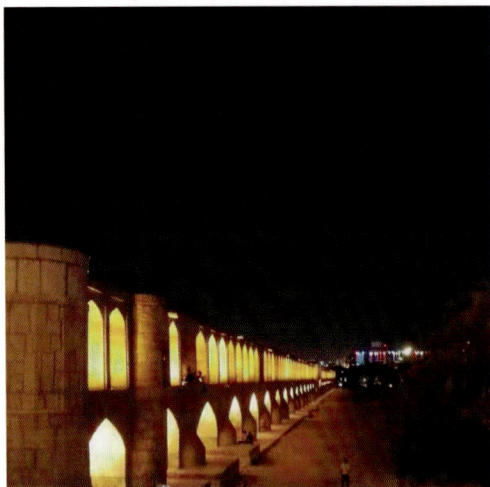
伊斯法罕著名的 33 孔桥夜景

此外，伊斯法罕还有两个景点非常值得一看。一个是凡克大教堂，另一个是 33 孔桥。前者是一座规模宏大的基督教教堂，特别引人注目，它的建筑风格也融合了清真寺的特色。导游强调说，从这座大教堂的特殊地位也可以看出，在伊朗，各个宗教、民族和派别，是能够和平共处的，并非如外界所讹传的势不两立。

说到 33 孔桥，那是当地一个最诱人的景点。此桥建于阿巴斯国王时期，已有 400 多年历史，因有 33 个拱形桥孔而得名，是一座双层结构，既具有桥梁作用又具有水坝功能的伟大建筑物。我们专门选择在晚上去观夜景，33 个桥孔灯光相互辉映，如梦似幻，十分迷人！遗憾的是，如今河床已干枯，桥孔没有河水的倒影，稍为逊色。

伊斯法罕不愧为"世遗之都"，值得一游！

(2018.8.13)

[伊朗见闻] 之三

走进波斯城

设拉子是伊朗的重点旅游城市，但有很多外国人感到陌生，甚至闻所未闻，我也不例外。伊朗本地女导游王小姐风趣地对大家说："你们对设拉子印象陌生情有可原，因为这个名字不太雅致，不便记忆。但是，如果我说'波斯猫'，相信大家肯定熟悉并喜欢！其实，设拉子就是波斯城，古代波斯帝国的首都！"

原来如此。提起波斯湾、波斯帝国，谁不如雷贯耳呢？它曾与希腊、奥斯曼、罗马等"巨无霸"帝国齐名啊！而且历史上中国一向与波斯王国关系密切，开辟了丝绸之路，商贸往来频繁……

经导游这么一说，我们恍然大悟，对设拉子的兴趣陡然而增。

我们乘坐旅游大巴从伊斯法罕来到设拉子时，已是华灯初上，本是用晚餐的时候，然而，按照行程计划，还要"赶"一个景点——参观"古兰经门"。起先我们以为，不就是一座普通的城门吗，有啥看头？谁知来到一看，不禁眼前一亮，长途行车带来的疲惫顿时消失，一个个变得欢欣雀跃。

是的，可以说，我们对设拉子的了解，正是从这座"古兰经门"开始的。它位于设拉子城北，原是一座装饰性的城门，已有一千多年的历史。据说当年一位权贵在城门顶部的小房间里放置了一本《古兰经》，以保佑大众出入平安，从而被称为"古兰经门"。导游说，至今伊朗人仍保留着一个传统习惯，每当家人出远门时，家中的长者就会拿一本《古兰经》在他（她）头顶上划过，意为请真主保佑其平安。这一习俗就来源于此。一直以来，"古兰经门"作为设拉子的地标建筑，见证了这个国家的盛衰。此城门大约有 10 米高，横跨一条马路，虽然算不上特别华丽，但其伊斯兰风韵十分浓郁，颇吸引人们的眼球。如今，城门已修葺一新，四周建成了一个街心花园，既是旅游景点，又是市民休闲的好场所。此时正值黄昏，不少市民已陆续来到这里散步或纳凉，有些则一家大小齐出动，在地上铺上一块地毯，全家人围坐在一起，或品尝美食，或谈天说地，其乐融融。我们的团友则一边抢拍照片，一边站在高处远眺，欣赏设拉子古城璀璨的灯光和绚丽的夜景，不禁连声赞叹！

设拉子素有"诗与玫瑰之绿洲"的美誉，现有人口 150 万，是全国第六大城市。虽然论人口排行老六，但其资历最老，堪称大哥大！它曾是古波斯帝国的首都，距今已有 2 500 年历史，留下了大量文物古迹，1979 年被联合国教科文组织列为"世界文化遗产"。我们此行有幸参观了位于城郊 50 多公里处的波斯波利斯古城遗迹，见证了它昔日的辉煌，令人十分震撼！

波斯波利斯古城约建于公元前 522 年，是阿契美尼德帝王的行宫和灵都，占地 13.5 万平方米，拥有宫殿、国库、营房等建筑群，是一个封闭式的整体构造。它巧妙地利用地形，依山造势，建成世界上规模最大、最雄伟的"石头宫殿"。其实，它并非波斯君主们日常的寝宫，而是举行盛大仪式的场所。我们顶着午后的骄阳，登上废墟参观，宏伟无比的"接见厅""百柱宫"，以及"子孙殿"等遗址和残墙，历历在目，从中可想象到它昔日的荣耀。说真的，古城遗迹之类的景点我也看过不少，但像波斯波利斯这样拥有 2 500 年悠久历史，且文物那

波斯波利斯遗址

么丰富、保护得那么完好的，确实不多见。

在设拉子众多著名景点中，最有特色的无疑是莫克清真寺，即人们俗称的"粉红色清真寺"。它之所以有此"芳名"，盖因清真寺的外墙装饰为粉红色，非常精美。然而，若仅有这一特点，也不足以名扬天下。其最绝妙之处，还在于祷告大厅能透进魔幻般的彩色阳光，使人如同置身于梦幻世界。由于大厅的外墙镶嵌着色彩斑斓的水晶玻璃组件，构成一幅幅精美的图案，当上午的阳光透过玻璃射进大厅时，色彩斑斓的图影就像万花筒般

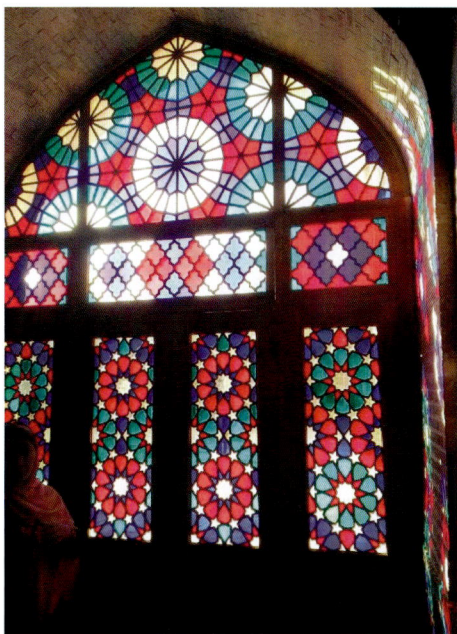

伊朗"粉红色清真寺"惊艳的彩色水晶窗

映在大厅的地板上，十分迷人。于是，游客们一个个亮出"长枪短炮"，大拍特拍，留下无数奇妙的"艳照"！我们两位伊朗美女导游也大派用场，为团友们充当模特，一片欢乐的气氛。

据导游说，这座"粉红色清真寺"如今已成为全世界的"网红"，很多外国游客正是冲着它来到伊朗和设拉子旅游的。

设拉子还有一张"文化名片"——世界著名诗人哈菲兹。哈菲兹是伊朗文学史上最著名的"四大诗人"之一，被称为"熟背古兰经的人"。他是地地道道的设拉子人，出生于公元1320年，于1389年逝世。其陵墓就建在设拉子市中心的一座公园里。哈菲兹是一位"美丽抒情诗的大师"，诗作的中心内容是"爱"和"酒"。可以说他是一个"乐天派"，总是以欢愉的抒情诗昭示人生，鼓舞志气。其实，他并非高产作家，恰恰相反，他惜字如金，轻易不会动笔，"只有在神的指点下才挥笔"。因此，在50年的写作生涯中，他只写了500首诗，平均每年10首左右。《哈菲兹诗集》是他的代表作，被世界同行赞誉为"抒情诗发展历程中一个前无古人的高峰"，受到世界各地人们的崇敬与喜爱。伊朗人则把他尊为民族英雄。据说在伊朗，每个家庭必备两本书：一是《古兰经》，二是《哈菲兹诗集》。

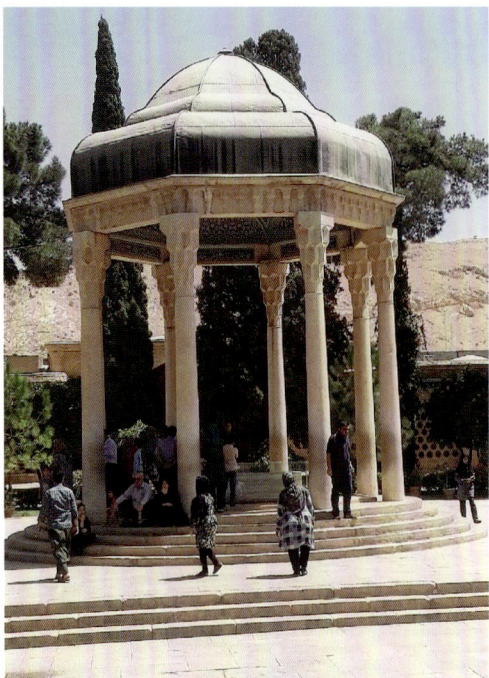

"伊朗诗仙"哈菲兹之墓

我们怀着无比敬仰和肃穆的心情前往哈菲兹的陵墓瞻仰。导游却对大家说，"你们可不要像参观其他陵园那样，带着沉重的心情到这里来，因为哈菲兹并不希望人们沉闷地生活。正如在石棺面上刻着的他的经典名句所言：你们前来看望我，不要悲伤，应该唱着歌，跳着舞，弹着乐曲，或者喝着红酒，高高兴兴地到来……"他的墓志铭也这样写道："拿酒来，酒染我的长袍，我因爱而醉，人们却称我为智者……"

看上去他的陵墓很简单，只有一副摆放在地面上的石棺，石棺上盖了一座约4米高的圆顶亭子，亭子旁边竖着一块石刻墓志铭。然而，就是这么一座简陋的陵园，却吸引了来自世界各地的游客。让人意想不到的是，陵园竟然也是"游乐园"，游客们和本地的市民们常到此休闲。

设拉子还有一个很特殊的"景点"，那就是"人"。据导游介绍，设拉子是伊朗著名的"人才库"，集中了很多大学和研究机构、医院等。因此，这里的人文化素质比较高，且很浪漫，通俗地说就是"很会玩儿"。正所谓"一方水土养一方人"，美丽的"玫瑰花园之城"设拉子，养育出一代又一代具有浪漫情怀和文化韵味的社会精英。有人说，任何地方、任何民族、任何信仰的伊朗人，对设拉子人都特别喜欢，很乐意与他们交朋友。究其原因，或许是他们比较宽容和浪漫吧！

(2018.8.15)

[伊朗见闻] 之四

友善的伊朗人

对伊朗人的印象，过去我大多从电视媒体中得来，尤其是在体育比赛上。由于他们身材高大，动作硬朗，作风彪悍，从而在外表上给人一种"霸道"的感觉。其实，这只是他们在体育比赛，特别是对抗性竞技项目方面的"表现"，而在日常生活中，却是"另一个面孔"。这次我来到伊朗，从首都德黑兰先后来到卡尚、伊斯法罕、设拉子等几个有一定代表性的地方，亲自接触或耳闻目睹了各阶层的伊朗人，给我的印象却是和善与友好。

首先，我们不妨"以貌取人"。伊朗人一般身材都比较高大和健硕，成年男子在一米八九左右或更高，胡须特别茂密，显得很威武。女性的身材也很高挑，一米七八以上的比比皆是。她们一个个都是浓眉大眼，高鼻梁，瓜子脸，轮廓鲜明，肤色白皙，真是人见人爱。有人开玩笑说，这是上天对伊朗人极大的"偏心"。然而，最令人羡慕与嫉妒的是，伊朗人这种近乎完美的身材，能一直保持到老年阶段。在欧美一些国家有很多俊男美女，他们年轻时的确帅呆了，但到了中年，普遍都

中国团友与伊朗导游在一起

会"发福",一个个都变成了"亚历山大"。以往我在欧美各地旅游时,在大街小巷上经常看到胖子,而这次在伊朗就很少看到。我倒是看到了"另一幕":有些女人嫌自己的鼻子太高,专门到医院整容,把鼻梁削低,手术后贴上一片"创可贴"之类的胶布,行走在大街上。说起来这也是一件"怪事",别的地方的女人,都是因为嫌自己鼻子太扁而去隆鼻的,大概只有伊朗女人要把鼻子的"海拔"降低吧。

伊朗男人胡子很多,看起来似乎很凶狠,其实他们大多很善良、随和,对人也很有礼貌。我们旅游团在伊朗待了一周,也没碰到吵架甚至打架的事情。看来,他们对中国人特别友好,我们所到之处都受到欢迎。很多团友都深有体会,在一些欧美国家,中国人往往会受到当地人歧视,因为对方常常以"高贵民族"自居,而对"异族人"鄙视与冷漠(或许我们"太多心")。相比之下,我们感到伊朗人就比较和善与真诚。记得出发前,旅行团的领队曾多次告诫大家,不要随便对当地人拍照,如想拍照,一定要征得对方同意,否则会招来麻烦。但实际上并未遇到任何"麻烦事"。只要我们有意,对方总是"有求必应"。很多时候是伊朗人主动与我们合影。特别是一些小孩子,一见到我们就高声呼喊:"北京!北京!"随之纷纷围上来与我们合照。我们在伊斯法罕国王广场参观,太阳很猛烈,天气热得很,大家都躲在一个遮阳的地方"避暑"。忽然有几个伊朗青年捧着切开的西瓜和茶水跑过来,请我们吃。起初我们还以为他们是来兜售的。对方很热情,真诚地表示:"不要钱的,送给你们消暑!"这一举动实在让我们意想不到,大家感动不已。也是在这个广场,我碰到两位伊朗男青年,他们主动用中文与我打招呼,并侃侃交谈。原来他们是做藏红花生意的,为了方便与中国人打交道,特意在当地学习了中文。其中一人让我看他的手机,里面记录了很多中国客户的资料,看来生意做得不错。他说很喜欢与中国人交往,年内还要去一趟中国,到北京、广州、成都等地拜访客户,进一步了解市场行情。最后他想加我微信,但我考虑没有必要,便借故推说我的微信未开通,加不了,他听后也无不悦,说了声"拜拜"便离去了。

伊朗人以信奉伊斯兰教为主,但也有不少犹太人和基督教徒,外界往往传说他们"内斗"。但我们到来一看,似乎不是这样,这里的社会还是比较和谐的,呈现出一派祥和的气氛。

(2018.8.16)

长寿奥秘仁为首
——广西巴马游记

广西有太多得天独厚的风景名胜，令人神往。最近，我又有机会到八桂大地一游，主要是冲着巴马去的。众所周知，巴马是全世界五大长寿乡之一（1991年由国际自然医学会评定。另4个长寿之乡分别是：原苏联的高加索、巴基斯坦的罕萨、厄瓜多尔的比尔卡班巴和中国新疆的南疆），这无疑非常吸引人。

有道是"好戏在后头"。此行我们先到明仕田园、德天大瀑布、通灵大峡谷、靖西鹅泉等几个著名景区，最后才来到巴马，来到一看，果然是别有洞天。

据说联合国制定了一个标准，凡是荣膺长寿之乡称号者，必须达到每百万人口中有75个以上百岁老人的指标。而目前巴马的总人口是27万，拥有百岁老人84个（最长寿者119岁），荣膺"长寿之乡"称号可谓"绰绰有余"。另有资料显示，目前中国共有77个"长寿之乡"（县市），其中广西就有26个，占三分之一还多，巴马理所当然名列榜首。

导游介绍说，巴马自古就是长寿之地，早在清朝嘉

巴马仁寿山庄

清嘉庆皇帝授匾

庆年间，这里就有一位名叫蓝祥的老人，142岁的时候，嘉庆皇帝给他赐了"烟霞养性，道德传心"的牌匾，并授予他为"六品顶戴"，"官阶"比县令还高一品。这位老人一直活到了145岁。

那天，我们在靖西游览完通灵大峡谷和鹅泉两个景区，已花了半天时间，特别是在通灵大峡谷攀登了1 100多级台阶，大家都累得气喘吁吁，腿脚打战了。然而还要马不停蹄地赶往巴马，驱车4个多小时，一路颠簸，可想而知多么疲惫！但奇怪的是，车子越靠近巴马县城，大家却越来越振奋。这时，地陪导游陈小姐指着车外对我们说："你们看，这就是被誉为'长寿隧道'的巴马母亲河——盘阳河，是它滋养了巴马人，孕育出这个举世闻名的长寿之乡。"听她这一说，大家不约而同地朝车窗外看去，果然看见一幅幅"仙景"：青山叠翠，薄雾缭绕，盘阳河像一条绿色缎带，铺陈在大地上，清澈而碧绿的河水缓缓流向远方。触景生情，我不禁想起唐朝大诗人白居易那首著名的《忆江南》，词中有一名句："春来江水绿如蓝，能不忆江南？"不过，这会儿应稍改几个字，改为"秋来河水绿如蓝，谁不赞非凡"。见大家的兴致上来了，陈小姐趁热打铁，把巴马这块风水宝地介绍一番。她说，巴马这个地方很特殊，"八山一水一分田"，海拔大多在500~800米之间，年均降雨量1 600毫米，年均日照1 531小时，相对湿度55%~57%，属南亚热带至中亚热带季风气候区。年平均气温18.8℃~20.8℃，无霜期约338天，光热资源丰富，且具有干湿季分明、气温垂直变化明显、立体农业气候资源分布均衡等特征，极利于喜温作物的生长和多种生物的繁衍。"当然，最能让你们切身感受到的是空气新鲜，负离子特别丰富，一般每立方厘米空气中含负离子数2 000~5 000个，比其他很多地方超出好几倍，甚至几十倍。这就是你们长途跋涉来到巴马之后，感觉疲劳顿消，越来越精神的缘故。"

在我们下榻的酒店，房间里放了一本精美的画册，正好是介绍巴马长寿奥秘的，翻阅之后我茅塞顿开。原来，巴马长寿之道与中国传统的"五行文化"息息相关。所谓"五行"，即金、木、水、火、土。对应当地情况，"金"是指高地磁场，"木"是指负离子，"水"是指小分子团的水，"火"是指红外线光子，"土"是指含硒土壤及动植物。总之，"五行"一养神，二养气，三养性，四养德，五养心。因为养生，所以长寿。

负离子丰富，如有"天然氧吧"，对健康当然很有利。但很多人对"高地磁"及磁化环境的好处了解不多。其实，高地磁对人体的特殊保健作用更为显著，可预防和治疗不少慢性病和疑难杂症，例如促进睡眠、缓解神经性疼痛和抑郁症状等。此外，它能把太阳光中有害的紫外线反射回去，只留下对人体健康有益的远红外线。说到巴马地区的水质，那就更珍稀了，它是一种呈弱碱性的小分子团水，能中和人体中因吃了大量肉类而导致的酸性体液，从根本上改善体质。可喜的是，这些科学常识，我们在旅游活动中都体验到了。印象比较深刻的有三个地方：一是乘船畅游盘阳河，二是游览百魔洞，三是参观仁寿山庄。

乘船畅游盘阳河，不但可饱览沿岸旖旎风光，而且可穿越"百鸟岩"（又称"水波天窗"），听鸟鸣水滴，琴潭清奏，赏波光幻影。据说岩洞内负离子含量每立方厘米高达 50 000 个，不愧为"天然氧疗"胜地。至于"百魔洞"，则更具神奇色彩。据说英国地质学家曾赞誉其为"天下第一洞"。这是巴马最为雄伟壮观的一座石灰岩溶洞，平均高约 70 米，宽 50 米，在前洞与后洞之间，有一巨大天坑，阳光雨露洒落地上，使众多珍贵的奇花异木茂盛生长，形成一个名符其实的巨大天然氧吧。据说"百魔洞"中负离子的含量更高，每立方厘米达 70 000 个以上。

我们在洞中看到了一幕奇景：在一个插着"磁疗区"木牌子的区域里，有不少人在接受"天然磁疗"。他们在高低错落的石头上或席地而坐，或躺着"打地气"，有些甚至带了草席或褥垫，躺在那些较平缓的石头上睡觉。远远望去，但见黑压压的一堆人。通道上则人来人往，熙熙攘攘，有不少人手提各式塑料罐或水桶，准备装运"长寿水"回家使用。这一热闹场景，构成了一幅独特的画面。一打听，才知道这些"蹭养生"的人，大多是从外地慕名而来的，故当地人戏称他们为"候鸟族"。"候鸟"们有些是临时到来"凑热闹"，住上十天半个月，调理一下身体就回去。有些则干脆在巴马买下房子，长期居住，成为"养生移民"了。

　　"仁寿山庄"，一听就知是个人文景观，也可以说是巴马自然景观的补充或延伸。在我看来，它更是探索巴马长寿奥秘的"大课堂"。诚然，自然生态对人类寿命的影响是非常重要的，但并非唯一因素。正如上述的"五行文化"，只是从客观或物质层面上对人的寿命加以影响，而实际上，主观或精神层面上的影响不可或缺，甚至更为重要。因此，"仁寿山庄"可谓巴马人长寿理念的升华和"点睛"之处。

　　仁寿山庄占地面积15亩，位于巴马县那桃乡平林村敢烟屯，距县城10公里。这里原是124岁长寿老人邓诚文的故居，后经修缮和扩建，打造成一个很有创意的人文景观。它以"惟仁者寿"为主题，重点展示当地长寿养生文化和少数民族风情，景区的核心就是邓诚文故居。邓诚文原是清朝一位清廉有为的官员，80岁时告老还乡。他看到家乡贫穷落后的面貌，便竭力扶贫济困，并把别处先进的农耕技术传授给父老乡亲。尤其是引进了甘蔗种植和榨蔗制糖技术，促进了经济发展，使老百姓脱贫致富。佳话传到了京城，光绪皇帝甚为赞赏，1898年在邓诚文百岁生日之际，光绪皇帝特意为他题词祝寿，并命广西提督冯子才将自己亲书的"惟仁者寿"牌匾赐予邓诚文，赞誉他为"乡王楷模，匡正民风"。此匾如今就展示在他的故居里。人们无不赞许光绪皇帝的辩证思维，把"仁"和"寿"联系在一起，并强调"只有仁者才能长寿"的道理。随后，讲解员带我们参观一块矗立在庭院中的大石头，只见上面刻着"一老"两个大字。讲解员说，这是邓诚文的笔迹，意为"家有一老，如有一宝"，是以表达孝顺之道。他特别提醒大家注意"老"字的写法：下半部的笔形写成像"心"字少了一点。他解释说，这是邓诚文告诫人们，"做人心思要少一点，以简单为好"。

　　这座故居的主建筑是三进院结构平房，屋内设施简朴而低调，处

清光绪皇帝授匾

处显现出平民意识。在正门两边的柱子上，悬挂着一副对联，上联是：知事晓事不多事太平无事；下联是：忍人让人不欺人方可为人。不用说，这又是邓诚文的墨宝，是他为人处世的真实写照，以及"仁"的具体展现。

仁寿山庄处处体现科学养生的理念和实践，活动丰富多彩，其中以"长桌宴"最具特色。几十人甚至几百人围坐在连接而成的长桌子上，一起用餐，所有食物均贯彻养生理念，大多是红薯、芋头、萝卜、南瓜、青菜、粽子、米饭、玉米粥等，也有少量炸鱼和熏肉。席间，穿着盛装的瑶族姑娘向嘉宾献歌和敬酒，气氛非常热闹。用餐之后，我们还参加了篝火晚会，观看了精彩的瑶族歌舞表演和惊心动魄的"上刀山，下火海"民间绝技，我们一行人尽兴而归。

巴马之旅，让我们加深了对长寿之道的了解，体验到养生文化，感悟到"惟仁者寿"的真谛，收获匪浅。

（2018.10.19）

巴马的青山绿水

[北美洲四国游] 之一

"墨西哥的心脏"——圣米格尔

墨西哥是个古老的国家，有很多著名的古城。

昨天甫抵的"世遗城市"、被形容为"上帝打翻了调色盘"的瓜纳华托，就非常有特色。小镇只有 7 万人，却是该省的首府。其最大特点是，整个城市建在山坡上，房子一层层地"铺上"山腰，且涂刷成五彩斑斓的颜色，宛如一幅幅立体的油画。而距离"调色盘"75 公里的地方，还有另一座古城，名叫圣米格尔，是典型的殖民地风格。该城已有 500 多年历史，人口约14 万，被称为"墨西哥的心脏"。

这里人才甚多，汇集了大批画家、雕刻家、陶艺家、装潢设计家和摄影家等，俨然"艺术家的天堂"。我们漫步在大街小巷，映入眼帘的几乎都是艺术品。古城几乎被艺术家们开设的工场、展室、商铺所占满。在市区中心，有一个久负盛名的艺术博物馆，收藏了众多价值连城的瑰宝。甚中有一个展厅给人们留下"永久之谜"。原来，这个约 100 平方米的展室，被绘成一幅壁画，十分壮观。作者是墨西哥著名的壁画大师。不幸的是，当此画创

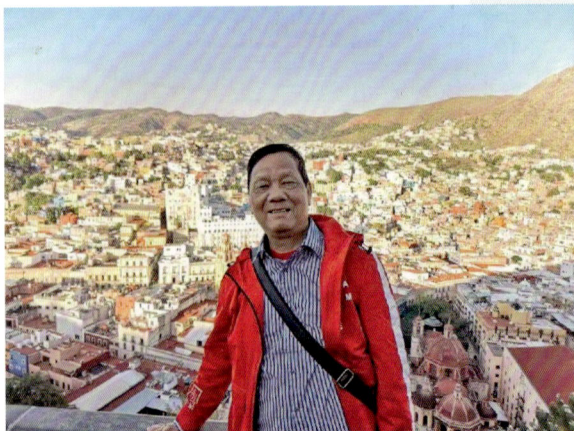

登上最高点远眺圣米格尔古城

作到约 1/5 时，这位大师忽然染病，撒手人寰了。由于他没有留下任何草稿和文案，一切创意与构图都装在他的脑子里，光看他已画成的部分，人们是根本不能理解其整体构思的，因此无人能够帮其画完，只好让它保持原貌，成为一幅"旷世残品"。我们几个没有什么艺术细胞的团友，在现场认真地"欣赏"了半天，也看不出什么道道，只是跟着别人煞有介事地啧啧称赞。据说这幅巨作已成为这座艺术之城的瑰宝，引以为傲。

圣米格尔古城海拔 1 950 米，房子建在小山坡上，街道也是沿着

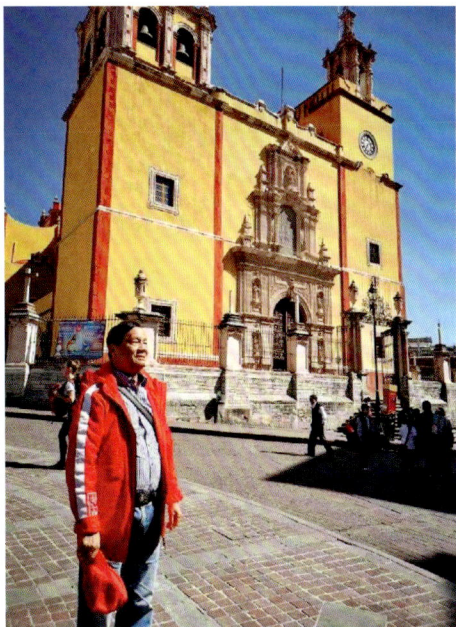

圣米格尔古城中的一座教堂

山坡上上下下，用石板砌成，古朴沧桑。与看到"上帝打翻了调色盘"的瓜纳华托相似，此城很多建筑物也是刷成五颜六色，仿佛进入一个童话世界。论建筑物的珍贵和奇特，当数那座"圣米格尔教区教堂"。这是一座粉红色的蛋糕式高塔，是由当地的原住民石匠在 19 世纪末设计建造而成。由于石材是粉红色的，特别温馨而醒目。那天中午，太阳当顶，阳光照射在高塔上，瑰丽无比，游人纷纷拍照留念。教堂前面是休闲区，有个小公园，树木花卉也被修剪得很别致，充满艺术元素，与这座艺术之城很匹配。团友们对修剪得非常整齐、像一把把平顶巨伞的绿化树尤感兴趣，觉得十分赏心悦目，认为这不但可以遮雨避阳，也是一种艺术的享受。

(2018.11.23)

［北美洲四国游］之二

喧嚣的墨西哥城

墨西哥合众国的首都叫墨西哥城，我们在此逗留了两天，来去匆匆，有如跑马观花，得到的粗浅印象是：大而乱。

原先真的没有想到，墨西哥城竟是世界人口第二大城市，拥有 2 200 万人口，仅次于东京（4 200 万）。然而，它的面积仅有 1 500 多平方公里，是我们广州市面积的 1/5，可见其人口拥挤程度。

我们驱车前往首都 50 公里外的 "众神之城" 参观太阳、月亮金字塔时，沿途看见大量贫民窟，延绵不断地分布在公路两旁的山坡上。当地导游小黄说，仅这一带居住的贫民就达 300 万。据他介绍，墨西哥城一般工薪阶层月工资折合人民币 2 000~3 000 元，生活水平比较低。而我们亲眼看见的市容市貌，也是不敢恭维。市政建设比较落后，大多是 16、17 世纪西班牙殖民时期留下来的旧建筑物。虽然有不少也很壮观，但由于没有翻修，外墙很残旧。整个城市没看到多少现

卖艺者的风采

代化建筑。不少马路又窄又脏，垃圾没有及时清扫，更谈不上绿化、美化，可见其市政和环卫管理之粗放。总之，整座城市色调显得灰暗，几乎没有特别亮丽的景观。

由于这里的人们大多使用拼装的残旧汽车，排出大量污浊的尾气，导致空气污

墨西哥城宪法广场一幕

染严重。然而，让人想象不到的是，墨西哥城的"活力"很足，甚至有点过头了。今天是周六，街上行人明显增多，下午我们来到该市最热闹的地方——位于市中心的宪法广场，但见一片人山人海。席地摆卖的小摊档摆满了整个广场，有不少街头卖艺人在表演，还有施展法术"驱邪"的"高人"，表情和动作都十分怪诞。总之，整个广场超乎寻常热闹，但同时也让人感到嘈杂。

那天刚好遇到几拨群众游行示威，游行队伍无不经过宪法广场，标语牌、横幅、彩旗铺天盖地，呼喊口号此起彼落，响彻古城。这样一来，更增添了这个"最繁华之地"的混乱。说真的，以往我们在国内很少遇到这种情形，不禁心里有点紧张，既担心安全问题，又怕旅游行程被打乱。导游却镇定自若，丝毫不乱方寸，说："没事！在墨西哥，群众游行示威是最平常的一件事，司空见惯。无非是民众向政府表达一种呼声和诉求，不会造成动乱的。他们游行他们的，我们观光我们的就是了！"果然，待游行队伍一批一批地走过后，宪法广场又恢复了原来的秩序和生态。

这就是我对墨西哥城的第一印象。

（2018.11.25）

[北美洲四国游] 之三

走进世界第七大奇迹

　　中国人常说"心想事成"，今天又给我实现了一次。这次是心仪已久的一件好事——参观游览"世界七大奇迹"之一的墨西哥金字塔。

　　据报道，2007 年 7 月 7 日，有关国际组织在葡萄牙首都里斯本召开会议，评选"世界新七大奇迹"，并公布了评选结果。名单是：中国万里长城、约旦佩特拉古城、印度泰姬陵、巴西里约热内卢的基督雕像、秘鲁马丘比丘古城遗迹、意大利罗马斗兽场和墨西哥奇琴伊察库库尔坎金字塔。我先后参观游览过前面的"六大奇迹"，唯后者未曾涉足，此次终于填补了空白，画上了一个圆满的句号。

　　早上，我们从坎昆出发，向着尤卡坦半岛西南方向疾驰，驱车 3个多小时，来到一个名叫奇琴伊察的地方，这就是闻名遐迩的玛雅人的故乡。近几十年来，有关玛雅文明的话题越来越引起世人的关注，奇琴伊察这个神秘之地于是成为世界级的旅游地。由于玛雅人信奉一种头状如龙、身披羽毛的"羽蛇神"，所以在尤卡坦半岛各地有很多

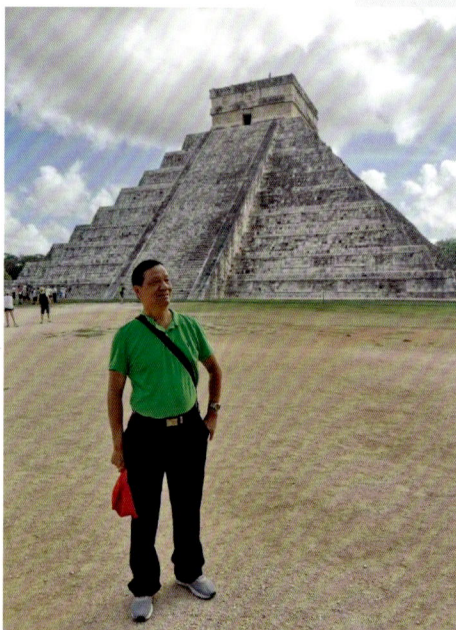

世界新七大奇迹之一：墨西哥库库尔坎金字塔

"羽蛇神庙"。随着历史的变迁，大多数这样的神庙已遭毁坏，唯奇琴伊察这座神庙保存得最好，因而被称为"玛雅文化最后和最伟大的庙宇"，并入选为"世界新七大奇迹"。在玛雅语中，羽蛇神金字塔叫作"库库尔坎金字塔"。起初，我们觉得有点不可理解，羽蛇神金字塔只有 1 100 年历史，无论"年龄"或规模，都比埃及金字塔稍逊一筹，为何在新一届评选中，竟能把"老大哥"埃及金字塔挤出局呢？一打听，才知其确有独特之处。据导游介绍，羽蛇神金字塔的设计数据，具有天文学上的重

金字塔景区摊档出售的工艺品

大意义，呈现出非常精密的历法及天文体系，技术与技巧无与伦比。羽蛇神金字塔占地 3 000 平方米，共 9 层，高达 30 米，里面还套着另一座小金字塔。它的底部呈正方形，阶梯朝着正北、正南、正东和正西，四周各有 91 级台阶，加上顶部一层，共 365 级，正好与一年 365 天的数字吻合。塔中有 52 块雕刻着特殊图案的石板，象征着玛雅日历中 52 年为一轮回。令人惊奇的是，当我们站在北面广场向着金字塔鼓掌时，会听到折射回来一种鸟儿的叫声，细听竟是当地的"国鸟"长尾鹃的叫声。更神奇的是，每年春分和秋分这两天，当日落偏西到特定的角度时，金字塔的光影便会从塔顶延伸到塔底的蛇头处，宛如一条蛇在慢慢爬行，人们说这是"羽蛇神"现身。实际上这只是一种奇特的光影现象。由此可见，玛雅人在 1 000 多年前便已懂得巧妙利用建筑和光影艺术，使意识与景象融通，使神话变成了现实，不能不令人叹为观止！这一现象提醒人们，要准确地掌握农耕时节，春分为播种期，秋分则是收获期。显然，所有这些天文学数字和人的意念的吻合，都是经过玛雅人精心设计的。

在羽蛇神金字塔周围，还有很多附属建筑，虽然如今几乎都成了废墟，但也是系列特殊景点之一，它们均与玛雅人祭天、祭神的传统习俗有关。例如靠西侧有个足球场，其实并非为了足球娱乐或体育表演而建，而是为了选拔"圣男"来祭祀天神。这种足球是实心的橡胶球，重约3公斤，不是用脚踢，而是用胯部顶。两队对抗时，看谁把球顶进（通过）旁边墙上挂着的那个圆圈，顶进多者为获胜方。在金字塔附近，有一个隐蔽在丛林中的天然大溶洞，里面装满池水，被称作"圣池"，即祭天、敬神之地。在羽蛇神金字塔不远处，有另一个"天坑"，水深达8米，水质纯净而清澈，并不断有山泉补充。据说这是供玛雅王朝达官贵人沐浴的"圣池"，如今则成为游客的戏水乐园。我们一些团友也兴致勃勃地下去游泳，或玩高台跳水，乐趣无穷。

逾千年前玛雅人就懂得创造和利用历法、天文学来建造神庙，建筑艺术无与伦比，遗憾的是，很多玛雅文化已经失传了，无法继承和仿效了，多么可惜！不过话又说回来，能在玛雅人的故乡保留下如此珍贵的文物，也是难能可贵！因而，早在1987年联合国就把它列入世界文化遗产。2007年，它又跻身于"世界七大奇迹"之一，乃实至名归。

（2018.11.26）

[北美洲四国游] 之四

古巴初探

从墨西哥的坎昆乘飞机到古巴首都哈瓦那，就像到邻村走亲戚一般，只隔着一个墨西哥湾，飞行仅需 1 小时零 5 分钟。然而，近在咫尺，却给人完全不一样的感觉。

据地陪导游柳先生介绍，目前古巴还在实行计划经济，哈瓦那工薪阶层月薪 80 美元左右，比较低。不过，重要的生活资料例如住房、教育和医疗等，政府均按计划免费或优惠提供，因而基本生活是有保障的。比方说，居民每人每月配给粮食 5 磅，不足部分可到自由市场购买，其他副食品也可在自由市场采购。目前古巴仍以国有企业为主，近年才允许"个体户"经营，但只能开办规模很小的店铺，如咖啡店、小食品店等。

国会大厦

令人遗憾的是，市内很多老房子没有修缮，显得破烂不堪，影响了市容市貌。城市路面有不少损坏的，坑坑洼洼，垃圾没及时清扫，污水横流……这一切，皆因政府财力不足，且城市管理水平较低。在哈瓦那最繁华的中心广场附近，有一家颇豪华的商店，各国名牌和奢

哈瓦那革命广场

侈品都有摆卖，但一般老百姓买不起，所以经常门可罗雀。我们怀着好奇心进去逛了一圈，发现店里的服务员根本就不瞄我们一眼，更谈不上热情接待。我猜想，他们只是"工作需要"，为了领工资而站柜台，至于顾客买不买东西，那是不必关心的，实际上也甚少顾客帮衬。由此，我们不禁猜想开办这家豪华商场的目的是什么。

记得在参观海明威故居时，曾看到这位美国大作家对古巴特别是哈瓦那的高度评价，认为它是世界上自然环境最好、最令人心情舒坦的国家和城市之一。但是，我们此行的亲身感受，却没有他说的那么好。这是否可用"时过境迁"一词来解释呢？

(2018.11.29)

[北美洲四国游] 之五

古巴三题

　　古巴是个神秘的国度。这次我们有机会到此旅游，总算撩开其面纱一角，看到了一些真实的景况。我忽然发现，古巴就像一个半老徐娘，虽然饱经风霜，日见苍老，但其风韵犹存。毕竟，它有悠久的历史、旖旎的加勒比海风光，尚能透过沧桑的外表展现出昔日的辉煌。在这里，笔者不妨猎取几个片断，为读者展示一下古巴独特的风情。

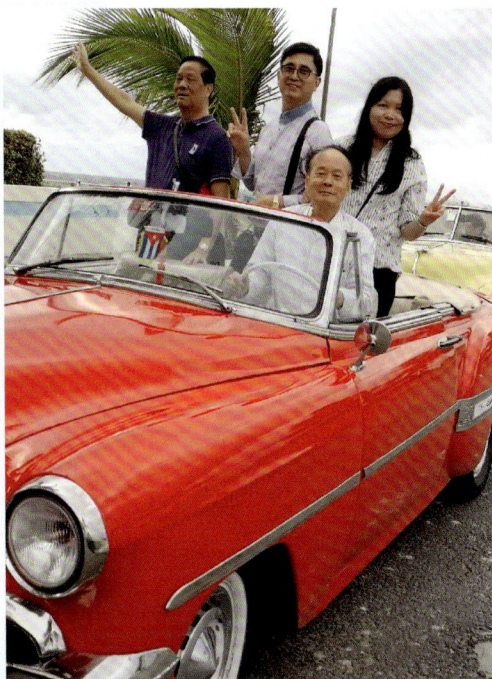

满街老爷车

乘坐老爷车兜风

　　古巴首都哈瓦那给人的第一印象，就是老爷车满街跑。一般来说，在其他国家，老爷车都是作为收藏品，摆放在博物馆里让人参观，古巴人却把它作为重要的交通工具之一。尤其是在出租车公司，几乎成为主角和"宠儿"。在一些旅游景点，外国游客"古老当时兴"，喜欢乘坐它兜风取乐，使之成为哈瓦那一道特殊的风景线。据导游介绍，这些老爷车大都是 20 世纪 50 年代美国人撤离古巴时留下来的，包括福特、雪佛兰、道奇等系列名牌车，有人统计过，总数达 7 万辆以上。旅行社特别安排我们乘坐出租车公司派出的敞篷老爷车，游览哈瓦那市容，每 4 人乘坐一辆，总共 8 辆车，浩浩荡荡，鱼贯而行，好不威风！我们从新城区一直绕到旧城区，耗时整 1 小时，每辆车付费 100 美元。

乍一看，这些老爷车挺豪华的，车身鲜艳夺目，显然是经过油漆翻新。但我们一坐进去，却发现车门关不牢，座位嘎吱嘎吱响，车身摇摇欲坠，这不免让人担心安全问题。导游笑着解释说：放心吧，行车绝对安全的。别看它老相，其实主要部件如引擎、变速箱、轮胎、仪表盘等，大多是已更新过的，只保留一个旧车壳而已。果然，在途经一些宽阔路段时，司机猛踩油门，车子风驰电掣般飞奔，却仍然很平稳，可见安全不成问题。导游介绍说，古巴是全世界老爷车最多的地方。为什么？因为几十年来受到封锁与制裁，经济发展滞后，民生艰难，人们买不起，也买不到新车、好车，只好将就使用旧车、老爷车。但随着经贸活动增多，古巴出口的东西日渐增多，说不定老爷车也会变成香饽饽。一旦收藏家们对古巴老爷车感兴趣，古巴老爷车或许可大量出口换外汇了。那么，老爷车满街跑的"独特风景线"，将成为历史记忆。"下次你们再来古巴旅游的时候，就不能坐老爷车去兜风啦！"

名贵的雪茄烟

早就知道雪茄烟是古巴的"国宝"，但不知道它具体的生产和运营情况，这次来到古巴旅游，实地参观考察了一家著名的雪茄厂，才知果然是"皇帝女——不愁嫁"！

首先，古巴雪茄是"独一份"，别的国家没有，可谓"独沽一味"，弥足珍贵。即使在古巴，最重要的生产原料烟叶，也并非到处可以种植，而只有西部一个特定的地区才可种植。从原料到成品，再到销售，实行"十统一"：土地由国家统一划拨，烟叶由国家统一收购，统一储存，统一发酵，统一调拨烟厂生产，统一质量检测标准，统一收购雪茄成品，统一品牌，统一市场运作，统一销售价格。这种高度垄断的做法，全世界绝无仅有。

然而，产品"高大上"，企业管理却反差甚大。我们在现场看到，该厂的生产条件和管理水平相当落后。厂房设备简陋而陈旧，车间拥挤，杂物随地摆放，完全依靠原始手工操作，没有半点现代化的气息。工人没有工作服穿，有些穿背心，有些甚至打赤膊，有些人则叼着雪茄一边工作，一边与邻座聊天……

据说，工人月薪只有20美元左右，产品却卖天价，真是暴利啊！令人想象不到的是，职工每人每天可免费领取3支雪茄烟，这都是有瑕疵、检测不合格的次品。工人拿回家后，可以自己享用，也可积存起来，转让给别人，或到自由市场低价卖掉，用以帮补生活。

参观完工厂之后，团友们免不了要买点地道雪茄品尝，或作纪念，或馈赠亲友。但工厂没有权利销售，只能转移到另一家专卖店去选购。一看商品柜，好家伙，琳琅满目，五花八门，价格都不菲。但一些识货的团友仍然一掷千金，任性采购，满载而归。

诸多规格的雪茄烟

参观雪茄烟厂生产现场

神奇的朗姆酒

怪我孤陋寡闻，一直未知朗姆酒的大名。过去只知道古巴盛产甘蔗，蔗糖出口我国甚多。谁知有个与蔗糖堪称"双胞胎"的朗姆酒，在世界上更负盛名。其实，它们都是由甘蔗炼造而成的，只不过前者技术含量低，后者"化

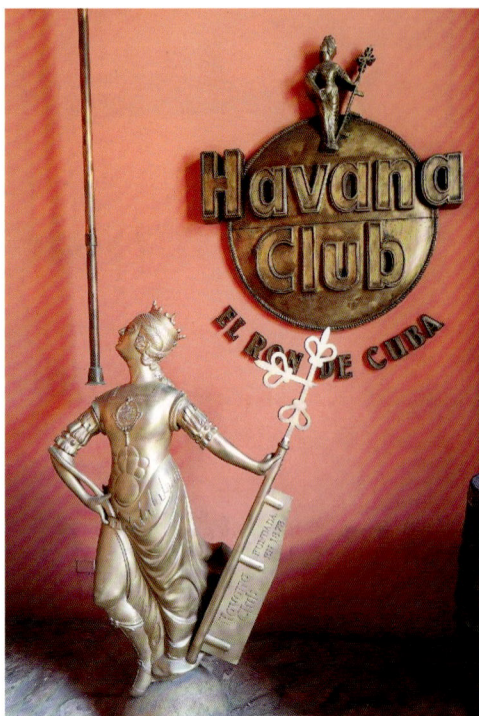

世界名酒朗姆酒商品标志

展示甘蔗制朗姆酒的博物馆

腐朽为神奇"。

我们来到一家位于哈瓦那旧城区的朗姆酒博物馆参观，了解其历史及制造工艺、过程，大家兴致盎然。这个博物坐落于一间古朴的院子里，馆内的布置十分有趣：小小的天井里栽满了生机盎然的热带植物；屋檐下摆放的木质酒桶居然都坐着人，原来这是酒桶样式的椅子。随意、舒适而又富于特色的布置，让我们流连忘返。有道是"外行看热闹，内行看门道"。朗姆酒的奥秘，就是他们发明了独特的发酵技术，最终让普普通通的蔗糖变成名贵的美酒。

该博物馆虽然不是生产现场，但其展示的生产流程非常逼真而详尽，几乎与真正的工厂一样。乍一看，外表与普通糖厂酷似，只是最后的工序不同，而这正是发酵技术的关键所在。世界独一无二、蜚声全球的朗姆酒，就这么神奇地"变"出来了！最后，厂家免费提供一杯中档次的朗姆酒让我们品尝，我虽非酒客，但也能品尝出其独特的风味，团友们也是异口同声地称赞，于是一个个慷慨解囊，选购了不同规格和价值的朗姆酒，带回祖国去准备和亲友们畅饮一番。

（2018.11.30）

[北美洲四国游] 之六

巴拿马运河参观记

记得小时候读书，课文上就有介绍巴拿马运河的文章，那时觉得巴拿马遥不可及，那条世界上著名的运河更是神秘。想不到今天能有机会来到实地参观。说真的，此次北美洲四国之旅，对我而言，参观巴拿马运河这个项目，是主要的动机之一。此前，我看过埃及苏伊士运河和希腊科林斯运河两大运河，从此便对运河情结日深，一直盼望能有机会到巴拿马运河看一看，简直到了魂牵梦绕的地步，此次终于圆了这一夙愿。

雨过天晴，我与团友们兴致勃勃地登上巴拿马运河位于太平洋岸边的"Miraflores 游客中心"四楼，近距离地面对第四航道的二段闸门观光。也算我们运气好，正好看到有好几艘油轮和集装箱巨轮排队通过船闸。它们过闸的情景与我多年前在长江葛洲坝看到的"大船跳龙门"的情景差不多。不过，巴拿马运河开凿工程更艰巨，全球性的战略意义更重大。从导

巴拿马运河

巴拿马运河

游的讲解和参观运河博物馆中，我们了解到，这条运河是由美国建造完成的，全世界共有 55 个国家包括中国曾派出人员参与开凿和建设工作，4 万名施工大军奋战了 10 年，终于在 1914 年建成正式通航，至今已达 104 年之久。巴拿马运河全长 82 千米，河宽 150~304 米。整个运河的水位高出两大洋 26 米，设有 6 座船闸。船舶通过运河一般需要 9 个小时，可以通航 76 000 吨级的轮船。由于它连通了太平洋和大西洋，可使在两洋之间行驶的船舶互相穿梭，不需绕行南美洲南端多走约 15 000 公里航程，若从北美洲一侧海岸至南美洲另一侧港口，则可节省 6 500 公里航程，大大地节约了运输成本。与此同时，可避开 40°S 以南波涛汹涌的险恶水道，降低了航行的风险。因此，巴拿马运河被誉为"世界桥梁"，荣膺"世界七大工程奇迹"之一，乃实至名归。

　　从 1914 年正式通航之日起，巴拿马运河的主权一直由美国独自掌控。巴拿马政府认为不合理，因为运河就建在本国的领土内，为何无任何主权呢？于是与之抗争。经过马拉松式的艰苦谈判，于 1999 年终于把运河的管辖权拿回来了。由于航运业务日益增长，大有不堪重负之势，经重新规划，巴拿马政府决定对运河进行扩建。扩建工程于 2006 年正式启动，经过 10 年的艰苦

集装箱船只顺利通过巴拿马运河

努力，终于在 2016 年 6 月胜利完成。这是该运河建成以来最大规模的扩建。扩建后的新船闸长 427 米，宽 55 米，深 18.3 米，比此前的老船闸加长 40%，加宽 64%，提高通航能力 4 倍。有人开玩笑地说，如今，运河犹如巴拿马政府的一家巨型印钞厂，每天仅收取船只的"过路费"就达650 万美元，一年就是 23 亿美元。加上它已成为一个旅游热点，每天吸引成千上万来自世界各地的游客，仅门票收入就不菲（人均 20 美元），真是财源滚滚！

（2018.12.1）

[北美洲四国游] 之七

原始部落的笑声

　　巴拿马因有一条大运河而名扬天下，我原先以为，它与其他拉美地区的小国一样，都是比较贫穷落后的。然而这次到来一看，不禁大为惊诧：首都巴拿马城好有气派！高楼大厦鳞次栉比，街道繁华，一不小心，还以为来到了新加坡哩。

　　然而，就在这座现代化气息十分浓厚的城市附近，一个叫"甘伯亚"的热带雨林区里，有一个印第安人部落，仍然过着"原生态"生活。这与繁华热闹的首都巴拿马相比，反差实在太大了！

　　根据行程安排，我们前往这个原始部落"探秘"，顿时使这个几乎与世隔绝的小山寨热闹非凡，欢声笑语打破了"世外桃源"的寂静。

　　我们从下榻的酒店出发，分乘两部小巴，沿着通向深山老林的简便公路向前走。途中经过一个"热带雨林保护站"，大家下车小憩，车子接受检查后继续前行。约一个小时，来到

甘伯亚热带雨林区的原始部落

一条水流湍急的小河边，似乎"山重水复疑无路"了。忽然发现，河边停着一排独木舟，原来是部落事先为我们准备的。于是，我们分成10人一组，乘坐独木舟前往他们的"大本营"。每只小舟上有两名壮汉领航和掌舵。独木舟虽然简陋，但有马达和螺旋桨，实为一艘机动船，虽

印第安人列队欢迎远方来宾

是逆水而上，竟也能乘风破浪快速前进。又走了半个小时，终于在一片沙滩靠了岸。部落里的男女老幼一齐涌上来欢迎我们。他们全都赤着脚，男的裸上身，下身仅穿一条三角裤，前面用一块白布遮挡。腰带倒很"豪华"，镶满了色彩斑斓的甲片。女人则身穿艳丽的民族盛装，挂满珠链，擦上胭脂，头上还戴了花环。此时，几个男孩子起劲地敲打鼓乐，增添热闹气氛。不用说，这是部落最隆重的欢迎仪式了，我们就是最尊贵的嘉宾。

爬上一段小山坡，跨过一道简陋山门后，便是这个部落的寨子。前面有块平地，被辟为小学校的操场。操场四周搭起几间没有围栏的草屋，作为"游客活动中心"、小卖部和厨房。厨房是专为游客提供午餐而设，"大厨"则是部落里的烹饪好手。部落人家的房子分散在背后的山坡上，掩映在树木和果林之中。

由于当天有几批游客同时光临，主人显得有些应接不暇，要分批接待。记得出发前地陪导游对我们说，部落里的孩子平时没有机会接触到新潮的东西，大家可以带些饼干、糖果、练习本、铅笔之类，分赠给他们。于是大家趁空闲时间把礼物送上。然而我发现，小朋友们似乎不大稀罕这些东西，想必是以往不少游客到来也送过，令他们司空见惯了。之后，大家便分散活动，三三两两地到处游逛，或参观民居，或浏览土特产，或尝试文身（部落人免费服务）。摄影发烧友则忙于物色对象，抢拍镜头……

一会儿，轮到接待我们团队了。酋长先向我们介绍部落的情况，他说这是10年前从外地迁过来的，当时只有十几个人，如今已发展到100人了。政府

印第安人欢跳迎宾舞

为他们建了一间小学校，派了一名西班牙裔女教师来教学，在课堂上教西班牙语，平时则讲印第安土话。族人就在附近山地里种植粮食、蔬菜、水果，或下河打鱼，自给自足，生活优哉游哉。酋长说，他们本来也可以过上现代人的生活，但为了"把根留住"，同时也为发展旅游业，政府要求他们保持"原汁原味"的传统生活习俗，如今早已习以为常。接着他介绍了一些手工工艺品，那是各家各户自制的，有木雕、石雕、果壳雕、珠链、器皿、编织物、装饰品等，全是天然的东西。看来他们都有一双巧手，制造出来的工艺品很有特色，称得上精美绝伦。团友们都热情捧场，纷纷选购，没有人讨价还价，甚至找回的零钱也不要。

吃饭的时候到了。这是一顿真正的"原生态"午餐，每人一份用新鲜芭蕉叶盛着的"杂锦佳肴"，有油炸鱼块、焖蘑菇、竹笋、马铃薯、茄瓜、南瓜、腐竹、玉米饼等，还有青菜汤和水果，味道还不错，分量也很足，很多团友都吃不完。

午餐后，稍事休息，随即上演"压轴戏"——部落人倾巢而出，为游客献上一组印第安传统歌舞。虽然充满土气，但贵在真诚，气氛热烈。最后还邀请大家一齐上阵，同欢共舞，把气氛推上高潮。于是，"压轴戏"在一片掌声中结束。退场后，我们又乘坐壮汉们驾驶的独木舟回到刚才下船的地方，换乘小巴返城去了。

(2018.12.2)

[北美洲四国游] 之八

幸福的哥斯达黎加人

在中美洲，有一个只有 500 万人口、名字念起来颇拗口，且离我们甚为遥远的国家，近年来在世界上的知名度却越来越高，这就是哥斯达黎加。

你可别看它国家小，它有"一技之长"，那就是足球。最近两届世界杯它均打进了决赛，取得骄人战绩，令世人刮目相看。可以说，很多人对哥斯达黎加的了解，是从足球开始的。当然，除足球之外，它还拥有好几个"世界之最"，为它增加了很多"印象分"。其中有三大优势：一是生态环境特别好，被誉为"中美洲的小瑞士""美国的后花园"；二是该国政局稳定，社会祥和，民生较富足，故号称全球幸福指数最高的国家；三是这个国家没有军队，是全世界少数几个撤销军队、宣告成为永久中立国的国家之一。他们把税赋全部用于经济建设和改善民生。

导游于大姐祖籍中国河北，移民到哥斯达黎加已 30 年，对这里的山山水水已非常熟悉。她说，哥斯达黎加的政

下榻园林酒店

局非常稳定，30年来从未发生过动乱或较严重的社会纠纷。这里的人都特别友善，待人和蔼可亲，不贪婪，容易满足，故甚少挑弄是非和打斗。治安情况一直比较好，只是近几年来涌入了一些低素质的难民，使得哥斯达黎加的治安出现一些隐患。

说到这里的自然环境，那真是"湿水棉花——冇得弹"。该国处于10°N，平均海拔1 000米左右，全年气温在10℃~23℃，体感非常舒适。就如同我们在首都圣何塞国际机场上看到的一条标语：到这里来，永远都是最佳时候……

的确，这个国家就如一个巨大的天然动植物园。国土面积虽然小，却拥有50万种不同的生物，占全球已知生物物种的4.5%。其中森林覆盖率达到52.3%。我们从巴拿马飞往圣何塞，往舷窗外一看，好家伙，一望无际的森林，郁郁葱葱，城乡都淹没在里面。听说哥斯达黎加是全世界第一个关闭了动物园的国家，它让所有动物都回归大自然，享受自由生活。我们来到世界上最活跃的活火山之一阿雷纳火山区参观，下榻在附近一家生态园林酒店，全都是平层式别墅，与大自然融为一体。导游于大姐特别告诫我们，出入房间或晚上睡觉时，一定要注意关好门窗，以免受到各种野生动物干扰。因为它们是不怕人的，也无任何"法制观念"，经常会"私闯民宅"。她还风趣地对我们说，哥斯达黎加虽然没有正规军队，却有"编外三军"。"陆军"就是剪叶蚁，"海军"就是大海龟，"空军"就是长尾鹦鹉。这三种都是十分珍稀的动物，被誉为"哥国三宝"。在景区附近，有一个极负盛名的塔巴康温泉，泉水是从火山缝隙中涌出来的，山溪掩藏在苍翠的山林之中，形成一层层瀑布。这个温泉水质特好，并有保健作用，泡后肌肤嫩滑。我们在此体验了一把真正的火山温泉、瀑布式泡浴的乐趣，实为人生难得的享受！

也许上帝特别眷顾哥斯达黎加，赐予他们特别肥沃的土地和丰盈的雨水，使这里的农作物无论品质或产量均首屈一指。我们在沿途看到，在广袤的原野上，除了森林，就是牧场和田园。田园中生长着甘蔗、木薯、香蕉、芋头、菠萝等优质农产品，无不是名牌特产。尤其是咖啡，更是举世闻名。这是由于火山岩土壤特别适合种植咖啡的缘故。我们来到一个咖啡种植园参观，香港团友徐先生夫妇按捺不住兴奋的心情，走到宽广的咖啡园中，用手机做了一场视频直播，为哥斯达黎加咖啡王国做了一番义务宣传。团友们也纷纷在此采购了不少名牌咖啡，带回国内馈赠亲友。

哥斯达黎加国民享有很好的生活福利，教育尤为普及，小学净入学率达100%，成人识字率超过95%，有25%的国民接受过高等教育，其中有不少人被国家送到美国和加拿大读大学。人民居者有其屋，大多是带150平方米院子的别墅式铁皮顶住房（因地震多发，故多盖成轻便型），房前屋后栽上花草，很是清雅别致。

过去，移民到哥斯达黎加的中国人不多，近年才渐渐多起来，其中不少是广东五邑人。在我们的团队中，就有两位团友在圣何塞有亲戚，这次他们就专门抽出时间拜访

哥斯达黎加生产的咖啡享誉世界

了亲人。这两位团友夫妇是江门新会人，他们告诉我，如今家乡人移民到哥斯达黎加越来越多，很多都是一个带一个，或一个带一家，陆陆续续到来的。夸张地说，有些几乎把整条村庄都搬到哥斯达黎加来了。为何他们乐于移民到哥斯达黎加？无非是看到这里的生存条件较好，有同乡或宗亲关顾。事实上，很多华人由于特别勤奋和节俭，又善于谋略，在这里都赚到不少钱，因而被当地人戏称为"会走路的美元"（南美国家一般都通用美元）。

由此可见，哥斯达黎加的确是一个幸福指数很高的国度。

（2018.12.3）

美国达拉斯印象

　　这次北美洲之行，在旅行社印发的宣传资料上，写的是
"四国游"，即墨西哥、古巴、巴拿马、哥斯达黎加。然而，
由于航班在达拉斯中转，而我们又办了美国签证，所以，回
程时旅行社特意安排我们在达拉斯逗留一天，住一个晚上，
到市区逛一逛，买点美国货带回家。这样，实际上变成了
"五国游"。

　　达拉斯是美国德克萨斯州仅次于休斯敦的第二大城市，
也是美国第七大城市，美国西南航空公司的总部亦设在此，
有很多航班在此中转。此前，我曾多次涉足美国，但去的大
都是东西海岸，尚未到过南部。两年多前去南美旅游时，也
曾在达拉斯中转，
但没有到市区去走
走，不能算到过达
拉斯。

　　地陪周先生是
中国台湾人，移民
美国很多年了，原
先在其他州工作，
后来得悉德州生活
成本较低，就业机
会也较多，于是举
家迁来达拉斯。他

初冬达拉斯的晴空

达拉斯一家大型购物中心

说现在很喜欢这里的人文环境和适宜的气候，尤其是地域广阔，令人心旷神怡。同时，这里的"牛仔"精神也令人敬佩。

的确，达拉斯给我的第一印象也是天高地广。汽车一驶离机场，我们就看到沿途广阔而空旷的大地。高速公路纵横交错，大都在八车道以上，各种车辆风驰电掣般飞奔，显示出这个城市非凡的活力和宏大的阵势。

导游周先生笑着补充说："你们看到的只是冰山一角，实际上达拉斯与沃斯堡、阿灵顿三个市组成了一个大都会（DFW），覆盖了 12 个县，总人口七八百万。它是美国南方最大的都市，著名的工业重镇，以石油、电信、计算机技术、金融和航空等为支柱产业。农业则以棉花为主，畜牧业也很发达。体育项目蜚声全球，NBA '小牛'的主场就在这里。此外，这里曾发生过一个重大历史事件：1963 年 11 月 22 日，美国第 35 任总统肯尼迪，在达拉斯参加竞选活动，在大街游行时被人刺杀身亡，引起全世界震惊。如今，在肯尼迪遇刺的地方，建成了一个纪念广场，竖立起一座纪念碑，供人们缅怀。"

稍停，周先生又继续补充说："总之，达拉斯在美国无论政治地位还是经济地位，都举足轻重。它也是现任总统特朗普的'票仓'，有很多'川粉'

（川普粉丝）拥护他。事实上，特朗普是个生意人，特别重视招商引资，发展经济，而地大物博的德州，正好可以大展拳脚。为此，他颁布了一系列投资优惠政策，例如，不用交公司和个人所得税，也无州的资产税，优先办融资，优先划拨土地等。因此，近年来吸引了越来越多的外国人前来投资办企业。我国当然也不例外，特别是广东人来投资办企业和劳务输出的不少。"怪不得我们在一些大商场或餐馆里，常常能听到一些熟悉而亲切的乡音。周先生说，在达拉斯，会说广东话的人更具有优势，找工作比较容易，薪酬待遇也较高。

据称，有人根据各地不同的自然环境、休闲设施、生活成本等因素，评选出美国人最喜欢的 9 个城市，达拉斯就位列其中。目前，中国有天津、南京和台北三个城市与达拉斯结为姐妹城市，国内先后开通了多条直达航线，来往更方便、更频繁了。

最后，周先生带领我们来到一个大型购物中心采购物品。团友们热情很高，纷纷选购，有买旅行箱的，有买挎包的，有买衣服鞋袜和食品的，总之都是名牌货，一个劲地买买买！对于购物，我素来是消极派，这次受到其质优价廉的引诱，"该出手时就出手"，为美国的消费市场作出了一点点贡献。

然而，达拉斯给我的印象并非十全十美。它毕竟比较偏僻，气候也较干燥。相对于美国东西海岸那些繁荣的城市来说，这里人气还不够旺。也许是因为已进入冬季，很多花草树木都枯黄了，住宅区的建筑物也缺乏亮丽色彩，让人略感苍凉与萧瑟。或许到了春夏季节，会焕然一新吧！

（2018.12.4）

"富得流油"的卡塔尔

俗话说，一回生，二回熟。我对卡塔尔可谓"半生不熟"。何以这样说？只因两年前我去南非旅游时，乘坐的是卡塔尔航空，并在多哈中转，可算到过"半次"卡塔尔。加上这次正儿八经的"六天游"，加起来就是"一次半"，所以可用"半生不熟"来形容。

我对卡塔尔的印象正是从其航班开始的。卡塔尔航空被评为全球最佳航空公司，拥有大批豪华客机。多哈也是全世界最繁忙的国际中转机场之一。我之前去南非和此次到卡塔尔，都是乘坐空客 A380。这无疑是一次惬意的旅程。令人意想不到的是，该航班还配备了广式早餐（因飞机从广州始发），让旅客们能品尝到滑鸡粥、银丝炒面、干蒸烧卖等正宗粤式美点，使一向备受诟病的"飞机餐"，顿时变得美味可口。可以说，我们此次成行，在很大程度上是受到了该航班的诱惑。抵达多哈之后，地陪宋小姐领着我们这支"六人小分队"前往市区下榻的酒店，车子顺

多哈体育中心，2022 年世界杯将在此举行

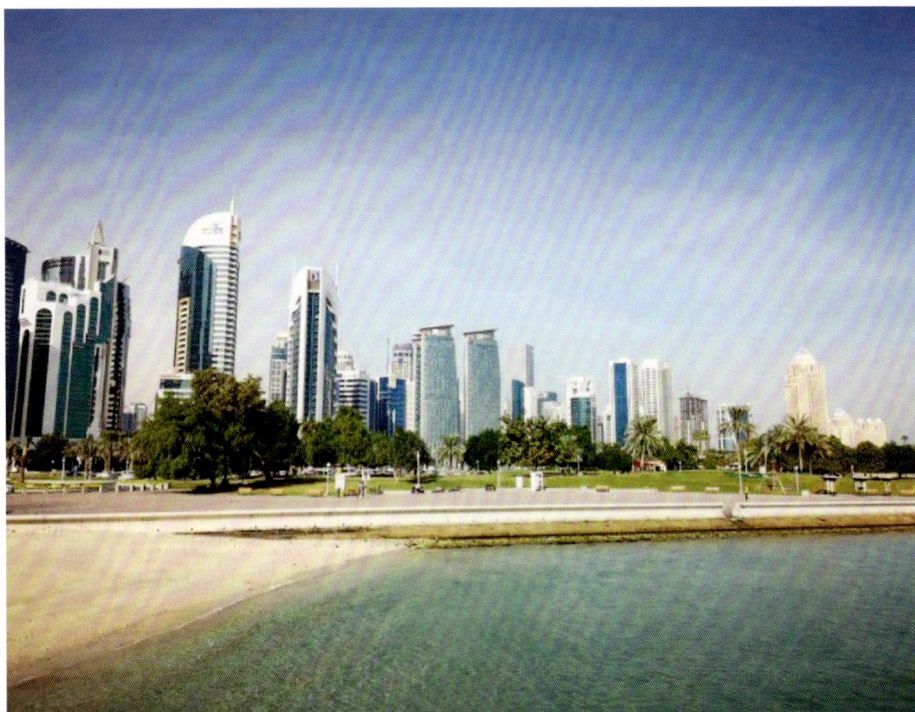

首都多哈，波斯湾畔

着七公里长的波斯湾滨海大道走，沿途旖旎的热带风光一览无遗。最吸引人眼球的莫过于那些如雨后春笋般崛起的高楼大厦，这不禁让我联想到阿联酋的情景（几年前曾去过），仿佛多哈就是迪拜的翻版。仅从"第一印象"就可猜想到，卡塔尔是个富得流油的国家！

的确，卡塔尔是靠石油发家的。据导游介绍，卡塔尔石油储存量位居世界前列，天然气更是居世界之首。然而，卡塔尔国土面积只有1.1万多平方公里，人口还不足300万（含外来人员），如此丰厚的"油水"，与如此小的国家形成了巨大反差，难怪人均GDP那么高。我问宋小姐，当地人平均工薪多少？她的回答让我们大吃一惊：年薪折合人民币100万元左右！乖乖，这无疑是我听到的最高收入水平！卡塔尔人不但收入高，而且享有很多社会福利，例如免费医疗、免费教育、免费住房（或享有高额补贴）。物价也并不算贵。虽然他们的生活用品绝大多数要从国外进口，但由于有政府补贴，所以市场价格并不算高。期间，我们曾到一些超市或商店了解行情，或到餐馆用餐，发现与中国价格大抵相近。例如，吃一顿普通的饭菜，人均消费大概10多美元，这与他们的高收入相比，简直是"微不足道"。所以说，卡塔尔人的生活是十分富足的。

卡塔尔地处沙漠，地表资源特别是淡水十分匮乏，地上连草都不能自然生长。但自从石油资源被发现并被全力开采后，它摇身一变，从"穷光蛋"变成"大土豪"。卡塔尔人特别擅长石油产业的经营运作。他们眼光远大，头脑精明，懂得长期大量储存原油，与国际石油巨头战略合作，从而掌握了国际石油市场的话语权，使之能抗击市场风险，安全地度过了多次世界性经济危机。

卡塔尔依托其石油产业，赢得了国际声誉，助推本国社会经济快速发展。近些年来，卡塔尔以一个小国的身份，承办了许多重大的国际体育赛事和世界性重要会议，个中之奥秘，让人浮想联翩。例如，这里曾承办阿拉伯联盟峰会、世贸组织大会、亚运会，并将承办 2022 年的世界杯足球赛……说到卡塔尔承办下一届足球世界杯这件事，据说曾引起不少争议，有些国家认为，卡塔尔根本不够条件承办此次盛事，一个弹丸之国，且不说接待能力有限，就是气候条件也不具备。卡塔尔地处沙漠，全年酷热难熬，不但运动员不适应，广大观众亦难以忍受。然而，卡塔尔人态度十分坚定和自信。他们向国际足联保证，一定能创造出令世人满意的竞赛环境，办一次成功的世界杯。酒店不够就盖酒店，场地不足就建场地，交通不适应就扩建交通设施，天气炎热就大装空调……他们说到做到。我们先睹为快，来到多哈体育城参观。这里原是 2006 年举办亚运会时建起来的中心场馆，现经改造，又成为下届世界杯的主赛场。此刻，我们看到，一个能容纳 45 000 人的足球场，整体被封闭起来了，装上了超级马力的空调，只在顶部留了一个"大天窗"，用以透气。不妨想象，这是一项多么"异想天开"的巨大工程，需要花费多少银两啊！然而，卡塔尔人硬是实现了这一宏伟创举。怪不得人们开玩笑地说："在卡塔尔，只要钱能解决的问题，都不是问题！"

"卡塔尔富得流油"，最直观的反映就是那些新奇建筑。几天来，我们有幸探访了其中一些佼佼者。最具代表性的莫过于那座"伊斯兰艺术博物馆"。它是由世界著名华人建筑师贝聿铭设计的，而且是他的"收山之作"。该博物馆位于海岸线之外的人工岛上，占地 4.5 万平方米，外墙用白色石灰石堆叠，正面望去，有三个窗口宛如人的眼睛和鼻子，给人以无限的想象空间。博物馆有一座桥与旧城区连接，寓意"从旧社会来到新社会，再走向未来"。这座纯白色的建筑物，折射在蔚蓝的海面上，形成一种慑人的宏伟力量。内部装潢更令人震撼。在中庭偌大的银色穹顶之下，45.7 米高的玻璃幕墙装饰四壁，透过玻璃幕墙可以远眺波斯湾风光及沿岸那些美轮美奂的建筑群，不禁让人发出"风景这边独好"的感叹。导游告诉我们，这座博物馆已成为卡塔尔的"国家名片"，广泛出现在荧屏和各种对外宣传的印刷品上。

当然，论对人们眼球冲击力之大，还要数城市新区（CBD）那些高耸的建筑群，这一带地标性的建筑物比比皆是。最引人注目的是那座有七八十层高、外表呈"土豪金"色的椭圆形大厦（因导游也叫不出它的芳名，大家只好以其外形酷似导弹而戏称为"导弹大厦"）。

另一座屹立在海湾之畔、外形像"玛雅金字塔"的建筑也非常抢眼，它就是大名鼎鼎的喜来登酒店，众多重要国际会议曾在此召开，不少国家元首曾下榻于此。例如，2001 年 12 月，世贸组织（WTO）就在此召开具有历史性的会议，中国代表团在这里签订了加入世贸组织的协定，意义非凡。

卡塔尔是个伊斯兰国家，原先我们想象，它肯定保留了不少传统观念和古老建筑。但到来一看，不禁大跌眼镜。诚然，"旧东西"有是有，但那大多是价值连城的历史文物。例如，旧市区中心有个"瓦其夫老市场"，就原汁原味地保留了传统建筑形式和风格，看似破旧不堪的房子（店铺），在如同八卦阵的横街窄巷之中，屹立几百年而不倒。如今，这个具有文物价值和商业价值的旧市场，容纳了数以千计的小商品店铺，已成为多哈一个旅游旺地，每天吸引着无数来自世界各地的游客，就连本地人也喜欢到这里来休闲或购物。

除了"旧东西"以外，我们发现，多哈其实有更多"标新立异"的东西。他们吸收了当今世界最先进的理念和技术，打造出大批时尚的东西，以适应现代人的需求。期间，我们参观了近年来才开发的高档商住小区"珍珠岛"，大开眼界。卡塔尔盛产名贵珍珠，举世闻名，而这个小区以"珍珠岛"冠名，"名正言顺"，自然不会逊色。

伊斯兰国家的最大特点之一，就是清真寺很多，卡塔尔也不例外，据说有 1 000 多座，而且还在不断地增建。我们发现，那些新建的清真寺，大多打破传统风格，让人耳目一新。其中最典型的是卡塔尔大学清真寺，它从宗教理念到建筑技术，都彰显了与时俱进的精神。首先，它推崇知识与信仰相互交织、相互融合，把清真寺建在名牌大学里面。与此同时，建筑设计力求颠覆旧传统。以往，我们看过不少清真寺，外形都是朴实无华的，宣礼塔无不是直立的塔状，而卡塔尔大学这座清真寺，宣礼塔却建成盘旋楼梯式斜线向上的形状。建筑主体呈纯白色，其星空天顶与斜式宣礼塔相映成趣，从高空俯瞰，活像一只巨大的白天鹅，令人甚感新颖。

我们还参观了大学城内的国家图书馆。这座建筑物也奇特，大楼虽不高，但楼面呈30°倾斜，用玻璃间墙，采光效果相当好，白天基本不用开灯照明。走进里面一看，不禁大为惊叹：空间大得不得了！无数藏书就摆放在阶梯

造型独特的清真寺

和敞开式的书架上，读者可随心所欲地翻阅或借阅。若在现场阅读，则有绝对休闲之处恭候你。你可以坐着，站着，甚至躺着看书，完全不必担心被人指责"有失斯文"。因为在他们看来，阅读是一件十分享受的事情，不应受到任何的约束。应该说，这是我第一次见识到这样的图书馆，也是对我们过去传统观念的一次颠覆。

若论最时尚的地方，当然是那些大型商场。期间我们也逛了好几个商场。最具现代化气息的是 Villaggio 购物中心。显然，它是仿效美国拉斯维加斯和中国澳门的威尼斯人酒店的模式。头顶有仿真天幕，地上有运河环绕，游艇泛于其中，两岸商铺极尽奢华。然而，令我们不解的是，那么多公园、体育场、清真寺、博物馆、商场、影剧院等公共场所，人流却很稀少，利用率普遍较低，相信利润也很微薄，甚至要亏损，这样如何能运作下去呢？想不到导游一句话就让我们释然了。她说，不用担心，政府都有补贴，甚至为他们

"兜底"啦！

卡塔尔人的财大气粗，还表现在整治和美化环境方面的大手笔。卡塔尔全境被沙漠覆盖，缺水严重，土地贫瘠，花草树木难以生长。卡塔尔人为了美化环境，不惜重金从国外购买各种花草树木回来栽种，甚至连泥土也一起进口。没有淡水，就采用海水淡化技术，以贵于石油的淡水用来灌溉花草树木，可想而知成本有多高！别的地方不说，光是那条 7 公里长的滨海大道，就要花费不知多少金钱！无疑，这条大道是卡塔尔的"脸面"，必须下足功夫将其扮靓的。现在，人们看到它长年绿草如茵，鲜花盛放，椰枣树婆娑。这番景象让人根本意识不到身处沙漠地带。

还有一个"景点"，让我们大为惊讶。那天，我们来到著名的"蓝色清真寺"和"露天歌剧院"参观，忽然发现附近有一座小青山，不禁觉得奇怪。因为整个多哈市都坐落于平坦的沙漠上，何来一座小青山呢？导游解释说，这是一座人工堆积而成的小山，属于"人造环境"，它既起到绿化、美化的作用，同时又可增强城市立体感。具体办法是，用编织袋将沙子装入袋中，然后一包一包地垒上去，堆积成一座小山状，再种上花草树木，采用以色列人发明的滴灌技术，每一块土地、每一棵树木都连通了水管，滋润土地，使植物茂盛生长，百花竞放。从这个人造小山的事例足以说明，卡塔尔人具有非凡的智慧和胆识。

塞骆驼是卡塔尔人一项传统体育活动

(2019.1.24)

"人间天堂"马尔代夫

　　我对马尔代夫心仪已久,"人间天堂"嘛,谁不向往?何况我是一个旅游爱好者,迄今已周游世界六大洲、64个国家。然而,直至近日才实现到马尔代夫一游的夙愿。为什么?不外乎两个原因:一是嫌这个地方太小,除休闲之外,没有什么人文和自然景观可看,更别说"世界奇迹"之类了。而我本人更喜欢在游山玩水之余,做些社会调查,写点观感文章,马尔代夫似乎缺乏这些要素。二是旅游费用太贵。据旅行社报价,中等档次的6天之旅(实际上只住4晚),动辄一两万元不等,还不包午餐和晚餐。若参加水上娱乐项目或岛外观光,还要自掏腰包,花费实在不菲。比如说,我们这次从下榻的圆月岛到首都马累观光,乘快艇只需半个小时,上岸后在市区徒步逛了一圈,加上到两家工艺品店购物,总共才2个小时左右,每人就要付80多美元交通费,算下来比欧、美、澳、日等发达地区和国家还贵。正因如此,致使我迟迟未能"到此一游"。

　　马尔代夫全名叫马尔代夫共和国,原名马尔代

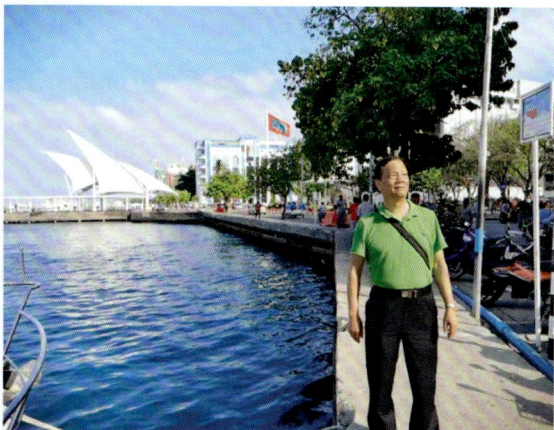

首都马累海滨

夫群岛，1968 年改为现名，曾是英联邦国家，2016 年才脱离英联邦。它被誉为 "印度洋上的明珠" 和 "人间天堂"，实至名归。其距印度南部 600 公里，距斯里兰卡西南部 750 公里，即 4°N、73°E，为热带气候。该国由 26 组自然环礁、1 192 个珊瑚岛组成，南北长 820 公里，东西宽 130 公里，面积为 9 万平方公里（其中陆地面积近 300 平方公里），有人居住的岛屿 200 个。它是亚洲最小的国家。总人口约 44 万，均为马尔代夫人。首都马累只有 1.5 平方公里，人口约 24 万。由于首都太小，飞机场只好建在邻岛上。

过去听人家说马尔代夫如何如何美丽，总不往心上去，这次到来一看，果然名不虚传。给我最深印象的就是 "三好"：环境好，空气好，海水好。可以说，这里比我游历过的众多地方都更胜一筹。特别是那些雪白而细滑的沙滩、清澈碧绿的海水，真是无与伦比。我们下榻的圆月岛喜来登酒店（此地一般都是 "一岛一酒店"），只属于中等档次，已经非常漂亮了，若是到天堂岛等更高档次的地方看看，真不知道该怎么形容呢！

这里的客房有两种：一种建在浅海上，谓之 "水上别墅"（俗称 "水

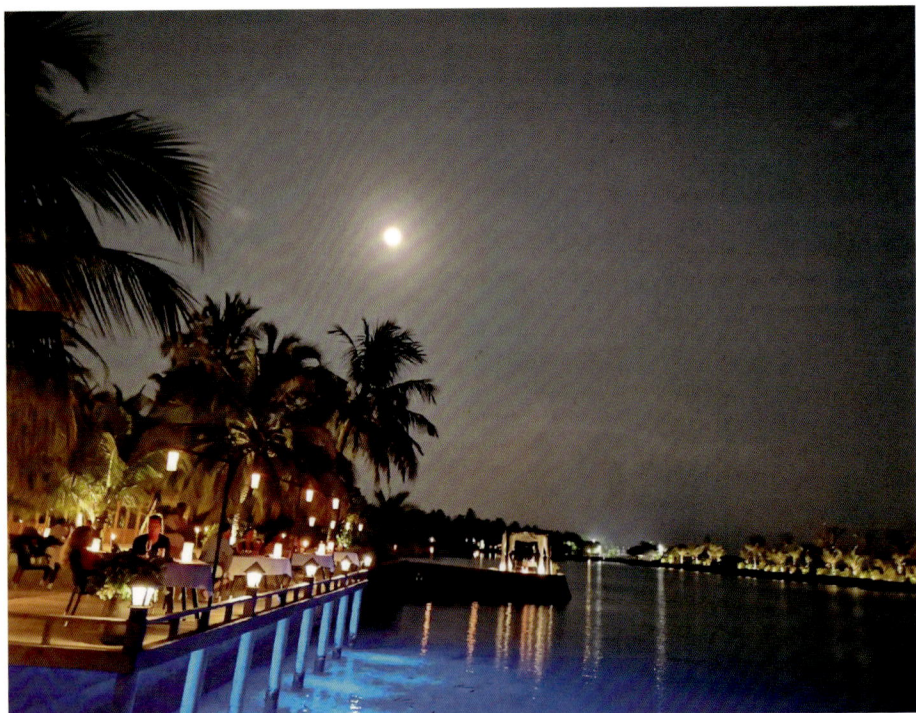

下榻在圆月岛，元宵之夜景色

屋");另一种建在沙滩边的林荫树下,谓之"沙滩别墅"(俗称"沙屋")。两种客房特色各异,风格迥然,但均达五星标准,我们各住了两晚。相比之下,我对"水屋"更感兴趣,因为它更新颖,情趣也更浓。"水屋"距离岸边约几十米,由木栈道连接,直通到岸上。表面看来,"水屋"像一排茅舍,似乎很简陋,但实际上里面很豪华,各种设施一应俱全。面向大海有个露天大阳台,摆放了一张休闲床,可躺着小憩,欣赏星空和大海,遐想联翩。还有一张茶桌和两把靠椅,情侣相对而坐,或谈天说地,或喝茶饮酒。更诱人的是,顺着阳台扶梯下到海中,可尽情畅游冲浪,一展泳将之风采,真乃人生一乐!酒店早餐非常丰盛,或因有越来越多的华人到此旅游,餐厅特意备有中式甚至粤式糕点和美食,这无疑令"老广"们特别赞赏。按说马尔代夫是比较适合年轻人和情侣来休闲度假的,而对于长者来说似不对路。但我们通过这次体验,觉得也能适应,这就需要改变观念。比方说,若你对较刺激项目(如乘坐热气球、飞艇冲浪、浮潜戏鱼等)不感兴趣,那就不必参加,可选择在林荫树下漫步、在沙滩玩水,或在庭院茶室闲聊,放松心情享受这里静谧的环境,呼吸新鲜洁净的空气,这无疑也是另一种旅游模式。不一定要像赶鸭子那样,劳碌奔波,马不停蹄地"赶景点"。的确,马尔代夫可说是"人间天堂",令该国引以为傲。据报道,该国每年吸引来自世界各地的游客达120万人,旅游业的收入占全国GDP的30%以上。这是上帝的恩赐。然而,"福兮祸所倚,祸兮福所伏"。马尔代夫当然也有其不足之处。作为一个群岛之国,马尔代夫不但面积小,而且土地贫瘠,资源匮乏。它曾被列为全世界最不发达国家之一,直至2011年才正式"脱帽",但底子仍然很薄。除了那些国际大财团承包建设的旅游小岛尽显奢华外,其他地方都较贫穷落后,就连首都马累都很"寒酸"。我们专程自费到马累看一看,其市容市貌较陈旧,城市建设和管理均处于较低水平,跟不上世界潮流的发展,几乎没有什么现代化气息,与"人间天堂"的美誉不相称。我想,这大概是国力不足之故,"天堂"之美誉只是对旅游胜地而言。

更大的"隐忧"则是将面临"灭顶之灾"!由于马尔代夫地势普遍太低,人们担心有朝一日会被海水淹没!资料显示,马尔代夫陆地平均海拔只有1.8米左右(好在无台风,否则灾害更多),而海平面却在不断升高。由于近年来全球气候变暖,北半球冰盖大量融化,造成海平面上升加速。于是有专家提出警告:100年内马尔代夫将不再适合人类居住。这无疑令人忧心忡忡。

有意思的是，为引起世人特别是联合国对马尔代夫的同情，采取积极措施防患于未然，该国政府于 2009 年 10 月 17 日召开了一次"海底内阁会议"，所有与会部长都戴上呼吸器，潜到海底开会。这是全世界首例"海底会议"，虽然未免有点作秀的意味，但也确实引起了人们高度警觉。然而又有研究者称，海平面上升的趋势有望减缓，因为珊瑚礁生长的速度也加快了，从而基本抵消了海平面的上升。以此情况来分析，马尔代夫或许不至于会沉没。因此，又有人认为，马尔代夫将要沉没的传说，其实是一个骗局，目的在于制造一种恐怖气氛和危机感，好忽悠人们赶快来旅游观光，不然就失去机会了。不管怎样，我坚信，"道高一尺，魔高一丈"，人类终归是有办法对付灾难、化危为机的，用不着杞人忧天！

（2019.2.22）

[老挝游踪] 之一

"万象更新"
——老挝游记

在春暖花开、万象更新的季节，我们来到老挝旅游。总共五六天时间，先后游览了万象、万荣、琅勃拉邦等几个有代表性的地方，行程逾千公里，可谓来去匆匆。但总的印象不错，感觉到这个国家，正在发生日新月异的变化，令人欣喜。老挝的首都叫万象，我正好借用"万象更新"这个词，来形容它的可喜变化。

记得出发前，在旅游团召开的预备会上，领队吴小姐半开玩笑、半认真地说："你们这些老驴友，想必已到过很多地方，觉得没有什么地方好去了，才到老挝来的吧。"此话不假。我们这次随行的 10 位团友，都是周游世界的"老江湖"，最多的走过全球六大洲 65 个国家，最少的也有 30 个国家以上。以东南亚为例，就只剩下老挝未曾涉足了，可以说，这次是为"填补空白"而来的。2019 年 3 月 15 日傍晚，飞机安全降落在老挝首都万象机场。接机的地陪阿勇（华人小伙子）在旅游大巴上介绍说，老挝现在还很落后，被

老挝有各式各样的水果

列为全世界最不发达国家之一。目前全世界五个社会主义国家，老挝是其中一个。打开地图就可发现，老挝是东南亚唯一的内陆国家，没有海港、没有高铁、没有高速公路，也没有重工业和世界名牌产品。所以，你们不要与现时的中国相比，期望值不要太高……

导游的一番话，犹如给我们打了"预防针"，让我们做好艰苦奋斗的思想准备。

其实，老挝这个"老邻邦"离我国很近，从广州飞到万象，只需 2.5 个小时。由于抵达万象时，已是傍晚，街灯较昏暗，看不清市容市貌，所以不敢贸然下结论。但起码我们下榻的酒店是五星级的，很豪华。在一个贫穷国家，能得到如此高的待遇，实属意外，心情自然很靓啦！

根据行程安排，翌日我们就要离开万象，到几百公里外、有"小桂林"之称的万荣观光。为了趁早打量一下万象的"尊容"，我利用早餐之前的时间，匆匆走到酒店外边溜达，发现附近的市容还是不错的，并非如导游宣传的这么"惨"。虽然现代化水平不高，高楼大厦甚少，亮丽的景观不多，但也不见得太落后，比我们想象的状况要好，大概相当于中国 20 世纪 90 年代二三线城市水平。领队吴小姐说，老挝近年来发展很快。她是老挝发展的见证人，曾多次带旅游团到老挝，亲眼看到和感受到这个国家的变化。

"实话实说，以前老挝的确很落后，但在中国'一带一路'倡议下，特别是老挝旅游市场开放之后，越来越多中国企业到老挝来投资，中国游客也纷至沓来，从而带旺了该国的社会经济，促进了城乡建设的发展，民生也得到较大改善。"稍停，吴小姐又补充说："等过几天返回万象时，大家再详细、认真地看看这座城市的'真面目'，看看如雨后春笋般涌现的酒店、商场、酒楼、商业街区，与灿烂辉煌的寺庙及古建筑相互辉映的情景，相信也会发出赞叹！当然，来老挝旅游，主要不是看现代化景象，而是领略原始生态风貌，看美丽的田园风光……"

果然如此。四天后我们返回万象，同样是下榻在那家五星级酒店，带着愉快的心情参观了一系列景点。原来，万象与泰国相邻，双方只隔着一条湄公河，河的中间就是国界。导游阿勇开玩笑说："你若想到泰国，最简单不过了，下湄公河去游泳，一不小心就会游到对岸。"

湄公河是老挝的母亲河，从北到南贯穿全境，犹如一条血脉和生命线，哺育着世世代代的老挝人。一般来说，城市中但凡滨海或滨江地带，都是黄金宝地，万象也如此。沿着湄公河内侧马路一带，景观都非常美丽。建筑物虽不高，但都很雅致，据说大多是政府部门的办公场所或官邸。然而，最繁华的还数"城市中轴线"，这条宽阔笔直的大马路，串联起城市中心广场（塔銮广场）和凯旋门，堪称"城市名片"。特别值得一提的是，那座外型颇像巴黎凯旋门的宏伟建筑，是为纪念结束法国殖民统治而建造的。当时，由于老挝没有充足的资金，工程断断续续。关键时刻，中国慷慨解囊相助，捐赠了1 000万元人民币，使这座宏伟建筑得以竣工。这座建筑门，整整花了9年时间（1960—1969年）才落成。须知，在那个年代，1 000万元不是个小数目，可见中老友谊非同一般。去年，中国政府又在万象凯旋门前面捐建了一座"四象法塔"，作为"中老旅游年"的纪念标志。如今，这一旧一新两座具有重大意义的纪念性建筑，已成为老挝最具代表性和最具人气的旅游景点之一，每天游人如织，我们也在此留下了不少珍贵的影像。

老挝是一个信奉上座部佛教的国家，寺庙遍布全国各地，万象尤为集中。

万象标志性景点凯旋门

"骑"大象

其历史之悠久，规模之宏伟，外表之辉煌，无不超出我们的想象。我们饶有兴趣地参观了塔銮寺、西蒙寺等几个标志性寺庙，不由得连连发出惊叹！其中，占地8 400平方米的塔銮寺，是1566年澜沧国王塞塔提拉在原先一座小塔的基础上扩建而成的，被誉为国宝。大凡该国有重大的宗教活动，都在这里进行，国家元首也会出席。在它的右侧，还有一座附属的寺院，也是金碧辉煌，建筑物错落有致。最吸引人们眼球的是那尊有二三十米长、金光灿灿的巨型卧佛像。

西蒙寺又称神城寺、母亲寺，据说是万象"最有故事"、最灵验、香火最旺的寺庙，老挝很多女性都会来这里祈福和膜拜。它还曾因一尊玉佛像的归属问题而引起与相邻两国的恩怨。"正宗"的玉佛像至今仍在他国，归还无期，老挝人无奈，只好另起炉灶，重造一尊更大的玉佛像供国人膜拜。自此，老挝人更虔诚了，此寺香火越来越旺。

参观了这些地方，让我们对这个佛国有了更深的了解，也给我们留下了许多美好的印象和深深的回忆！

(2019.3.21)

[老挝游踪] 之二

琅勃拉邦游记

　　怪自己孤陋寡闻，"琅勃拉邦"这么一座赫赫有名的城市，过去竟然也不甚了了，连它颇为拗口的名字也念不顺溜。这次到来一看，不禁令我惊讶不已！原来，它是东南亚地区一座传统与殖民风格保存得最完好的历史名城，1995 年12 月被联合国教科文组织列入世界遗产城市，而且是文化与自然"双遗产"城市，这在全球并不多见。而且，它并非局部或单一项目"入遗"，而是整座城市，包括佛教文化、寺庙建筑群、社会生态、自然环境等，一并"打包"入列，真是难能可贵！

　　琅勃拉邦是老挝最古老的一座城镇，已有一千多年历史，作为国都也有 800 多年。1945—1975 年间，老挝定都万象，这里仍保留了它王都的地位。老挝曾沦为法国殖民地，故而这里仍保留着不少法国风格建筑物，有着浓郁的法兰西风情。

　　琅勃拉邦位于上寮（老挝古称寮国，分上、中、下寮三部分，亦即北部、中部和南部），距万象 500 多公里，距

佛教名都，寺庙遍布

中国云南景洪市不远，因此蕴含了很多中国元素，中文招牌随处可见。这座古城环境十分幽美，四面环山，森林全境覆盖，湄公河绕城而过，与南康江交汇，"水头"十分充足。琅勃拉邦给我的第一印象是：宁静而悠闲、浓情而慵懒，人们过惯了慢生活。若用调侃的口语形容，那就是：既不像城市，也不像农村。为了保持"遗产城市"的风貌，这里的城建规划受到严格限制，全城没有高楼大厦，建筑物不得超过两层楼高。街道很整齐，房子很雅致，大都是独家独户、尖顶飘檐式的平房。最热闹的地段是湄公河畔那条几公里长的商业街，聚集了大批酒店、饭馆和娱乐场所等，是外国背包客们消遣的天堂。

我们从万荣乘大巴来到琅勃拉邦，却被要求换乘小巴才能进城。在两天的旅游活动中，亦只能乘坐小巴。原来，这是"世遗城市"的硬性规定，目的是保持宁静的环境。换车虽然增添了一些麻烦和不便，但我们都表示理解。

琅勃拉邦是老挝的佛教文化中心，老百姓都信奉上座部佛教，城内寺庙星罗棋布，据说有几十座，座座金碧辉煌，为这座古城增辉不少。其中最有名的是香通寺，因为国王也曾在此出家。我们登上全市最高的普西山，但见数以千万计的佛像布满山间，怪不得被誉为"佛山"。该城佛教氛围甚浓，不时有穿着鲜艳袈裟的僧人在街上走动。特别引人注目的一项佛事活动是观看僧侣集体化缘。每天早上6时，大大小小的和尚便从寺院出发，走到大街上化缘，善信们则把米饭、糖果，甚至钱币等，虔诚地布施给僧人，场面壮观，气氛肃穆而庄重。我们为了参加这项颇有新鲜感的佛事活动，亲身体验一下布施的气氛，早上5点钟就起床了。收拾干净后，随即乘车来到一条指定的马路边，大家一溜儿

勤劳的小和尚

排开，把旅行社为我们准备好的一盒糯米饭摆在跟前，等待僧人们鱼贯路过时，用勺子取一勺米饭，倒入他们的银砵中，同时也把自带的饼干等食物布施给后到的僧人，大家纷纷拍照或拍视频留念，前后约花了一个小时。这种化缘、布施盛况，现已成

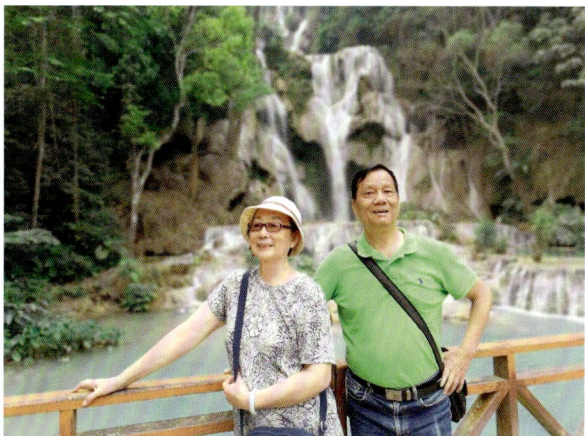

琅勃拉邦森林瀑布

为琅勃拉邦一项常规传统活动，吸引了众多游客。

琅勃拉邦有个光西瀑布，景观非常震撼，被人们称为"老挝九寨沟"，我们兴致勃勃地登临游览，欣赏一幕幕奇特的幻影，有人还下水游泳，尽享清凉。之后，乘船畅游湄公河，饱览沿岸旖旎的热带风光。我以前只知柚木名贵，殊不知老挝就盛产柚木。此刻，看到湄公河两岸的山坡上，人工种植了大片珍贵的柚木林，心情十分激动！"绿水青山，就是金山银山"，在这里得到了最好的诠释。

（2019.3.18）

掀起它的盖头来
——蒙古国初探

　　据导游聂先生介绍，"蒙古游"这条线路，是他们旅行社新近才开辟的，我们还是"首团贵宾"哩！众所周知，中国与蒙古是老邻邦，但一直以来交往不是很密切。可喜的是，随着该国逐渐打开国门，发展旅游业，并开通了广州至乌兰巴托的直达航班，来往更方便了。

　　蒙古的国土面积达 156 万平方公里，是世界第二大内陆国（仅次于哈萨克斯坦），北邻俄罗斯，南接中国，与两国均有深厚的历史渊源。其特殊的地理和社会环境，造成了它一定的封闭性，在国际舞台上很少听到它的声音。别人不关注它，它也不对世界产生重大影响。由于信息闭塞，一直以来我们对它了解甚少。这次来此一游，才算稍微撩开其面纱一角。

　　这次旅游总共 4 天，掐头去尾不到 3 天，所到地点也有限，只在首都乌兰巴托及其 200 公里外的草原地区几个主要景点参观游览，真可谓走马观花。当地导游甘苏赫是一位性格开朗、热情大方的帅小伙，为人风趣，使整个旅途充满了欢笑。据他介绍，蒙古国约有 300 万人口，是全世界人口密度最小的国家，其中 75% 的人居住在首都。而首都乌兰巴托又是全世界人口最年轻的城市。可以说，了解了乌兰巴托的情况，就等于了解了蒙古全国。通过几天来的观光，我得到了几点印象：一是社会稳定，但活力不足；二是建设日新月异，但管理水平偏低；三是市场供应比较充裕，但民生仍有不少问题；四是旅游业正在兴起，但缺少著名景观。

首先，我们感觉到，蒙古国政治环境比较安定祥和，甚少看见宣传标语和政治性的组织活动，人们神态淡定而从容。大街上几乎看不到巡逻的警察，也没发现抢劫或小偷小摸，流浪汉或乞讨者也未见踪影。不足之处是气氛比较沉闷，商业氛围不浓，城市缺乏活力。

其次，城市建设的确有日新月异的感觉。我们登上几百级台阶，到达全城的最高点——翟山纪念碑，远眺整个乌兰巴托市，但见一幢幢崭新的高楼拔地而起，新颖而亮丽。前往外地参

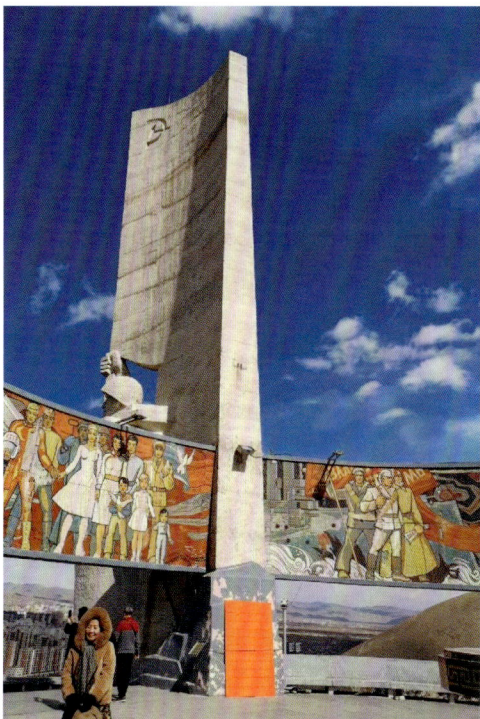
乌兰巴托最高处翟山纪念碑

观，途中也看到不少建筑工地，一派繁忙景象。帅哥导游甘苏赫介绍，这些新建筑大都是由中国公司承建的，蒙古人特别认可中国人的建筑技术和设计理念。他还告诉我们一个好消息：乌兰巴托正在建设一个现代化的新机场，将取代现有的小机场，以适应新形势的发展。"两年后你们再来，就可以享受新机场的优质服务了。"他不无骄傲地说。

然而，城市管理水平较低，市容市貌较差，交通也颇混乱。作为一个国家的首都，"分量"确实欠缺一些。特别是有很多20世纪五六十年代苏联人建的房子，现在已残旧了，也没有进行维修；很多马路破损，坑坑洼洼，也未及时修整，绿化、美化则更无暇顾及。更头疼的还是塞车问题。我们很不解，为何一个经济欠发达的城市，也会患上发达城市的"通病"呢？原来，当地人钟情既便宜又性价比高的日本二手小汽车，三四千美元就可买一台，很多蒙古人都买得起。于是政府大量进口，致使汽车拥有量剧增，几乎家家户户都有一两部。而另一方面，城市道路狭窄，路况又不好，于是造成塞车。

最后一点，市场供应比较充裕，基本上能满足民生需求。蒙古国多为沙

漠和荒原，受地理环境局限，工农业资源比较缺乏，商品经济不发达，但由于国家大量进口商品，所以供应充足。导游还专门安排我们到全市最大的一家百货大楼参观和购物，这座有95年历史的商业大厦，虽然装潢不是很豪华，但也正在追赶时代新潮流。里面人气很旺，各式商品琳琅满目，任君选择。羊绒是蒙古国久负盛名的特产，在世界上享有盛誉，我们一些团友都纷纷"慷慨解囊"以赠亲友。然而，蒙古人的收入水平毕竟仍较低，据说一般工薪阶层每月工资三四百美元。但房价不便宜，一些地段较好的新楼盘，每平方米售价至少要1 500~2 000美元。导游不无忧虑地说："其实，在我们蒙古，还有不少穷人，特别是从草原退牧进城的牧民，根本买不起房子，只能在郊区偏僻地方盖简易房居住。"导游还说，蒙古人很羡慕中国人的生活水平不断提高，但他们不知道或不想知道中国人有艰苦奋斗和勤俭节约的精神。他举例说，有些蒙古青年受雇到中国建筑商的工地干活，刚干几天，赚到一点点钱便辞职了，出去与朋友喝酒，吃喝玩乐，买好东西，很快就把钱花光，然后再考虑上班的事情。说到这里，他半认真半开玩笑地表扬自己，说："我就不一样，我在中国留过学，在学习文化和科技知识的同时，也学到了中国人艰苦奋斗的精神。"他自报家门说，今年27岁，已结婚生子。本来是一名医生，在一家公立医院工作，每月可领四五百美元工资，这在蒙古国算不错了。但他觉得仍有"余热"可发挥，不妨多赚点钱，提高家庭生活水平，于是不怕辛苦，业余时间出来兼职做导游。"可惜，在蒙古，像我这样有为的青年并不多……"说完，他嘻嘻地笑起来。

平心而论，蒙古的旅游资源不是很丰富，没有什么名山大川或鬼斧神工的奇特景观，也没有具有较大影响力的人文景观，主要观光项目都集中在乌兰巴托，我们花了一天多时间就基本上游览一遍了。诚然，有一些文物古迹确实也不错的。例如，被称为蒙古国宝、建于公元19世纪初的

首都乌兰巴托市中心，成吉思汗广场

甘丹寺，是全国规模最大的寺庙，其中有一尊28米高、全身镀金、镶嵌着无数玉石与宝钻的铜铸大佛像，堪称世界最大的铜佛像，令世人瞩目。此外，还有成吉思汗广场和国家历史博物馆，以及再现蒙古人辉煌时期景象的"十三世纪营地"，也值得一看。而更为壮观的是成吉思汗骑马持鞭的那尊巨型雕像，它于2008年落成，吸引着全世界旅游者的目光。这座雕像高约40米，用了250吨不锈钢铸造而成，非常雄伟壮观。至于宣传资料上介绍的特日勒吉国家公园，说是拥有大草原无限风光，但可能我们来得不是时候，冬末季节，见到的都是枯树黄草、风沙肆虐，一派萧瑟景象，令人颇为扫兴。不过，相信到了夏秋之交的黄金季节，这里定是另一番迷人的景象。

（2019.4.15）

[东欧见闻] 之一

白俄罗斯人幸福指数高

波罗的海五国联游的第一站，是白俄罗斯。飞机在首都明斯克机场降落后，一走出机场，我们便发现周围自然环境不错。在驱车前往市区的途中，但见远处或近处都有大片森林和草地，十分赏心悦目，很多团友不由得发出感叹：欧洲的环境就是漂亮！

据导游介绍，白俄罗斯有近1 000万人口，目前人均GDP 5 000多美元，算是欧洲比较穷的国家。究其原因，导游认为与这个国家政治摇摆性有关。有一件尴尬事足以说明问题。他们曾郑重其事地通告有关国家，今后该国改名为"白罗斯"。但很多国家并不理会，仍然用原来的名字"白俄罗斯"。

据在白俄罗斯留学、已在明斯克生活了12年的兼职导游王小姐介绍，当地人的月薪约500美元，看起来是比较低的，但由于老百姓能享受到免费医疗和免费教育，物价也比较低廉（牛奶很多，甚至便宜过矿泉水，汽油和

首都明斯克街景

首都明斯克一景

天然气也很便宜），所以人们的生活算是过得去的，而且可以说幸福指数较高。

为了让我们看看明斯克漂亮的市容，导游特意让司机开车经过一条 17 公里长的主干道——"独立大道"。果然，大道两边的房子都很亮丽，建筑也颇有特色，街道很整洁，车流顺畅，没看见脏乱差现象，也没看见乞丐和流浪汉，社会比较祥和安宁。看来，这里的人文化素养较高，原因很有可能是受教育程度高。果然不假，在这条大道的两边就有好几所大学。原来，白俄罗斯的教育事业比较发达，在欧洲也有些名气。据王导游说，白俄罗斯全国有 50 多所大学，吸引了全世界不少留学生来深造。近年来，从中国来的留学生也越来越多。与此同时，该国文化艺术氛围也很浓厚，当地人对音乐、美术、芭蕾舞、诗歌等尤感兴趣。王导游说，虽然明斯克经常举办歌剧、芭蕾舞剧或音乐会等演出活动，但由于钟情艺术的人太多了，往往一票难求，需要提前十天八天才能买到票。王导游还讲到一件"逸事"。她说，现任白俄罗斯总

首都明斯克无名英雄纪念碑

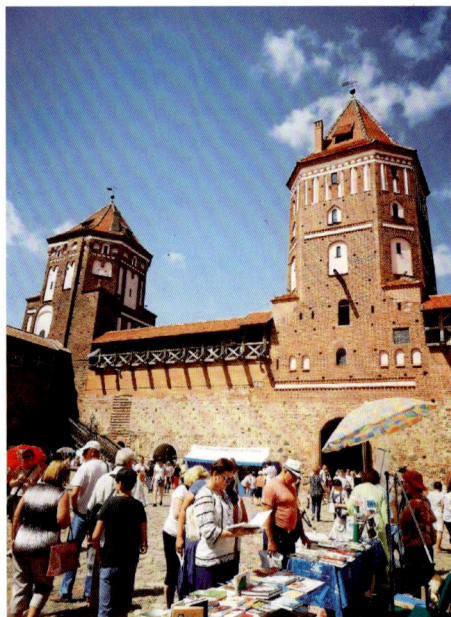

入选世界遗产名录的白俄罗斯一座古城堡

统卢卡申科可能是世界上担任总统职务时间最长的元首之一，他从 1994 年第一届任职至今，已连续五届担任总统，前后已有 25 年。别的国家元首出访时经常偕同夫人，唯独卢卡申科总统标新立异，不带夫人，而是带他最小的儿子出访，父子俩一起拜会外国元首。据说卢卡申科认为带儿子拜访朋友意义更大，显得特别尊重。

明斯克是一座"英雄城市"，在苏联卫国战争时期，曾经历过两次重大战役，整座城市几乎化为废墟。如今我们看到的这些建筑物，大多是战后重建的。由于明斯克曾为苏联作出过重大贡献和牺牲，因而被授予"英雄城市"称号，成为苏联 12 个"英雄城市"之一，值得人们崇敬。

(2019.6.14)

[东欧见闻] 之二

"国中之国"又一"怪"

世界之大，无奇不有。在我以往几十年的旅游经历中，可以说见识过不少奇闻逸事。其中，"国中之国"可算一种。比如说，梵蒂冈、圣马力诺、列支敦士登等，被称为袖珍王国，奇事就不少。然而，这次来到立陶宛，想不到在首都维尔纽斯又见到一个更奇特的"国中之国"，而且它更袖珍。它的大名叫作乌祖皮斯，翻译成中文，就叫"对岸共和国"。为什么这样称呼呢？原来是专指它的方位所在，即是说在维尔尼亚河的对岸。其实它就是该市一个特别的街区。然而，它又的的确确对全世界宣称为"共和国"。

事实上，这个"共和国"确实拥有自己的"国旗""货币""总统"和"宪法"等。而且据说原先还有一支12人的军队，后来因立陶宛加入北约而宣布解散了。

说起这个"对岸共和国"，它正式成立于1997年4月1日。这一天正好是愚人节，其忽悠性和荒唐性可想而知。据说当初是由一位美国艺术家发起的，旨在宣扬自由主义和无政府主义，倡导放荡不羁的精神，同时也彰显对独裁政治的反叛。这

跨过此桥，就是"对岸共和国"

127

所谓共和国，其实是一个城市的街区

正好吻合某些艺术家的诉求。故此，实质上它是艺术家和文化人的一个聚集地。

我们怀着浓厚的兴趣来到这个"共和国"参观。通过一座锈迹斑斑的小铁桥，就进入它的"领地"了。其实它的面积很小，只有 0.6 平方公里，很快就能逛完一圈。最显眼的一个标志物，是那座高高竖起的天使雕像，寓意天使护卫着这个"共和国"的安详。大家最感兴趣的却是一堵围墙上用玻璃镜框镶嵌着的"宪法章程"。"宪法"内容有 41 条，我逐一数了一遍，共翻译了 37 个国家的文字，每个国家单独占一版。中文版也赫然在列。我仔细地读了一遍，发现其中的内容有些无厘头。例如，第 1 条：每个人都有权在维尔尼亚河边生活，维尔尼亚河有权利在任何人身边流过；第 12 条：一只狗有权利去做狗；第 16 条：每个人都有权利快乐；第 17 条：每个人都有权利不快乐；第 37 条：每个人都有权利不拥有权利，等等。据说现任总统是一位诗人、音乐家和电影导演，他在这里设有画廊、艺术家工作坊和咖啡馆，忙于做生意。虽然至今全世界尚无一个国家承认其合法性，但这并不影响其名声和开展活动。每年 4 月 1 日这里照例举办庆祝独立的嘉年华，嘉宾不少，热闹非凡，连前维尔纽斯市市长也经常参加他们的活动哩！而且人人都会自带一只大杯子进场，因为这一天，在中央广场的喷泉里，喷出的不是水，而是啤酒，人人都可免费饮用 1 小时，任君狂欢……

这就是"对岸共和国"的奇闻逸事。

(2019.6.17)

[东欧见闻] 之三

在里加过仲夏节

真巧，来到拉脱维亚旅游，赶上了欧洲人的一个传统节日——仲夏节。其实这就是中国农历的"夏至"，即6月22日。顾名思义，仲夏乃"盛夏"之意，一年之中最炎热的日子。无疑，生活在热带的人对盛夏是讨厌的，而欧洲特别是北欧，夏天是最受欢迎的季节。因为北欧纬度高，寒冷的时间长，难得有温暖的时候。瑞典、丹麦、芬兰、挪威、冰岛，人们习惯称其为"北欧五国"，而立陶宛、拉脱维亚、爱沙尼亚等"波罗的海三国"，有些地方纬度比丹麦更高，却没有纳入北欧的范围，被称为"东欧国家"，我猜想，大概是因为经度偏东之故吧！不管怎样，"波罗的海三国"因气候与北欧相似，所以理所当然地格外重视仲夏节。

仲夏节最明显的特点就是昼长夜短。我们在拉脱维亚住了三天，对此有真切的体验。晚上10点多太阳才下山，凌晨3点多东方就露鱼肚白了。仲夏节在欧洲是个大节日，会放假三天。6月21日相当于圣诞节前的"平安夜"，节日气氛相当浓郁。我们在拉脱维亚首都里加古城

里加市中心标志物——钟塔

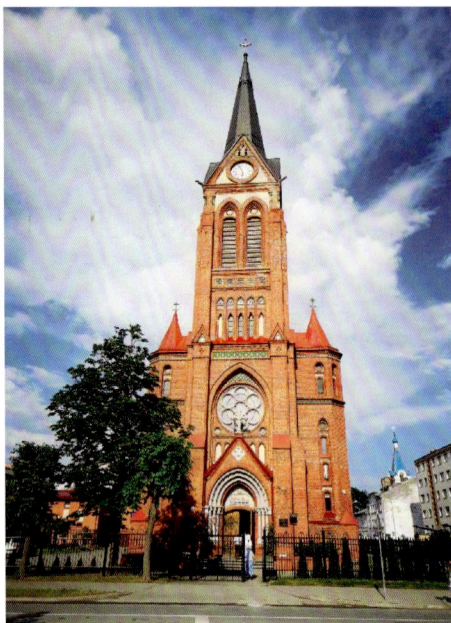

色彩亮丽的教堂

仲夏节街头，女孩头戴花帽，身着盛装

参观游览时，明显感觉到人气极高，外国游客更多。导游介绍说，里加是"波罗的海三国"的中心城市，也是最漂亮、最繁华的城市，人口约64万，面积不大，仅302.8平方公里，平时已显得人流密集，节日更是人山人海。我们在市内各景点参观时，就因为游客太拥挤，把我们的队伍挤散了，导游找了半天才把"失联"的团友找回来。据当地一位导游介绍，里加人喜欢到郊外的农村去过仲夏节，因为农村的习俗比较传统。过节时，无论个人还是家庭都要打扮一新。我们也看到不少女性头戴花环，男性则头戴花帽，"招摇过市"。这些花环或花帽，都是用当地的橡树叶子编织而成，很漂亮。仲夏节少不了和亲朋好友聚会，派对往往设在森林之中。拉脱维亚遍地是森林，森林覆盖面积达45%以上。我们来到郊外尤格湖畔的一个露天民俗博物馆参观时，看到一则告示——今晚在此举办两场嘉年华活动，可见气氛之浓烈。

我们是匆匆过客，旅行社没有特别安排过节事宜，不过晚餐时也畅饮了几杯啤酒以"应节"。

(2019.6.22)

［东欧见闻］之四

爱沙尼亚"爱意"浓

　　有道是"好戏还在后头"。我们在"波罗的海三国"旅游，从立陶宛、拉脱维亚一直往北走，最后来到爱沙尼亚。这三个国家不但风光越来越美丽，而且国民经济一个比一个强，我们的游兴也越来越浓。虽然在爱沙尼亚只逗留了两天，亦对其印象深刻。在这里，不妨借用其国名的"爱"字，作一篇小文章，可以归纳成"三个爱"：一爱这个富庶之国，二爱其得天独厚的自然地理环境，三爱首都塔林古城文化韵味之深厚。

　　先说第一点。爱沙尼亚是"波罗的海三国"经济最发达的国家。须知，这个弹丸之国面积仅 4.5 万多平方公里，人口 131.9 万，GDP 300 亿美元，人均 GDP 2.3 万美元！可以想象，他们早已步入小康社会。

　　第二点，爱沙尼亚的自然地理环境十分优越。它位于"波罗的海三国"的最北边，首都塔林就在芬兰湾之畔，与芬兰首都赫尔辛基遥相对望，乘

爱沙尼亚旧皇宫及花园

船只需两三个小时即可到达。在海滨码头，我们看到有几艘巨无霸邮轮在海湾锚泊，或停泊在码头上，海上交通非常繁忙。这里的天然海湾条件非常好，尤其适合水上运动的开展，因此 1980 年苏联在承办第 22 届奥运会时，选择了塔林作为帆船比赛的中心。我们饶有兴趣地来到当年奥运比赛的现场参观，面对着海阔天空，人人赞叹不已，纷纷留影纪念。爱沙尼亚海上交通十分便利，与北欧保持着千丝万缕的联系，可以优势互补，从而成为北欧乃至全世界各地旅游者向往的风水宝地，旅游业一派繁荣兴旺。

　　说到自然风光，爱沙尼亚的确是"冇得弹"（粤语，意指没得说）。由于濒临波罗的海和芬兰湾，气候条件优越。这里雨量充沛，土地肥沃，植物丰茂，到处都是森林湖泊，环境宜人。尤其是夏天，海风阵阵送爽，天上常降甘霖，空气特别清新。有人开玩笑说，爱沙尼亚的空气可以装进罐头，出口到全世界各地去。这几天适逢"仲夏节"，是一年之中最炎热的日子，我们在这里却享受到一个凉爽的世界（平均气温在 20℃左右）。中午虽然阳光灿烂，人们仍要穿一件较薄的外套。难怪导游说，爱沙尼亚是东欧最宜居的国家，

首都塔林的红屋顶建筑

爱沙尼亚首都塔林古城远眺
2019.6.24

波罗的海之滨，首都塔林远眺

没有之一。

第三点，爱沙尼亚特别是首都塔林的文化底蕴十分深厚。在此，我们参观了面积达几百平方公里、数百年前便形成的欧洲最大的公园——拉赫马国家公园，几个古老的庄园以及皇宫，还来到可容纳四五万人、闻名世界的塔林露天音乐厅参观，据说每5年在此举办一场规模盛大的音乐会，全球很多音乐界名人都曾在此表演。塔林分为老城区和新城区，其中老城区整体被列入世界遗产名录，简直是一个巨大的历史文物博物馆。说到"塔林"这个名字，可算是"无巧不成书"。英文翻译成中文，其发音正好是"塔林"。而实际上，远远望去，整个城市都布满了高耸的尖塔。这也是塔林市的一大特色。导游带领我们登上首都最高的一个观景台，远眺全景，高低错落的塔楼与红瓦屋顶相辉映，犹如一幅幅巨大无比的油画，非常亮丽而壮观！

或许，爱沙尼亚还有更多值得人们"爱"的地方，行色匆匆的我暂且表达如上三个"爱意"，也算不枉此行了。

(2019.6.24)

[东欧见闻] 之五

富饶美丽的乌克兰

东欧五国游，最后一站来到乌克兰。通过两天的走马观花，这个富饶美丽的国家给我们留下了良好的印象。

乌克兰自然地理环境十分优越。据当地女导游娜塔莎介绍，乌克兰国土面积 60 多万平方公里，人口 4 000 多万，上帝赐予乌克兰的条件非常不错。整个国家处于大平原地带，有 2/3 是黑土地，相当肥沃。我们从基辅驱车前往乌曼核弹发射基地参观，但见沿途 200 多公里都是一望无际的庄稼，生长着小麦、玉米、马铃薯、葵花籽等农作物，丰收在望。这里雨量充沛，气候适宜，冬天不太冷，夏天不太热，是农业生产的黄金地带，故被誉为"欧洲粮仓"。

乌克兰有雄厚的工业基础，是一个世界著名的工业发达的国家。尤其是冶金、造船、飞机制造、化学、机械、能源、军工等重工业享誉全球。我国第一艘航母"辽宁号"（原为瓦格良号）的船体，是从乌克兰购买回来的。该国的城市建设有扎实的基础，尤其是首都基辅，

乌克兰首都基辅独立广场

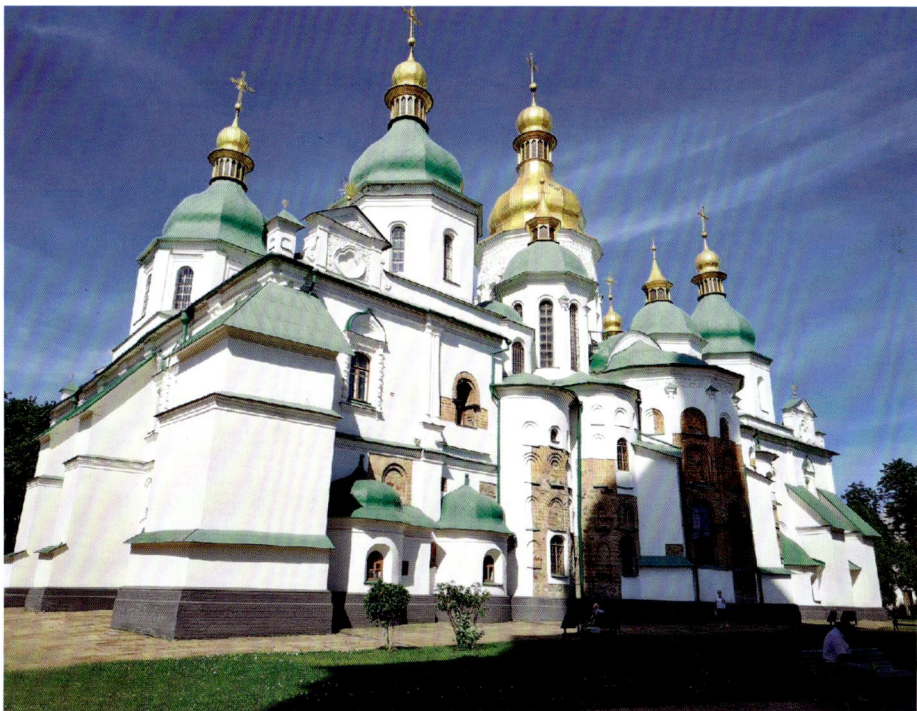

古老、宏伟的索菲亚大教堂

拥有 200 多万人口，很繁荣，车水马龙。基辅在苏联时期已是全国第三大城市，紧随莫斯科和圣彼得堡之后。经过几代人的精心打造，城市设施相当完善，鳞次栉比的建筑十分亮丽辉煌。众多天主教堂、东正教堂、修道院等，蕴含着丰厚的文化和艺术底蕴。在基辅，我们先后参观了索菲亚大教堂、洞穴教堂、金顶修道院，以及独立广场、国会大厦、总统府、黄金之门、俄乌友谊拱门、卫国战争博物馆等地，它们都给我们留下了深刻的印象。更令人羡慕的是，浩浩荡荡的第聂伯河流经该市，多座造型独特的大桥横跨两岸，车流不息，增添了城市的立体感和生机活力。我们站在第聂伯河岸边的弗拉基米尔山丘上，眺望远方，但见大片森林覆盖大地，森林间崛起座座高楼大厦，如同仙境。旅行社还特意安排我们乘船游览了第聂伯河，两岸风光非常美丽，令人心旷神怡。

乌克兰人才济济。这得益于苏联时期遗留下来的"种子"和"基因"。这些科技人才成为乌克兰最宝贵的财富，为本国乃至世界科技、经济的发展作出了贡献。

象征着俄乌团结的"友谊之拱"

可惜的是，近年来乌克兰人民的生活水平有所下降。据导游介绍，目前乌克兰工薪阶层平均月工资 300 美元左右，公务员 400 美元左右，退休人士每月只能领到 50 美元退休金。然而物价并不便宜。听说近年来很多乌克兰人移民到国外，或出国谋生，致使人口不断下降。

不过，我们相信乌克兰目前的困难是暂时的，风雨过后见彩虹，乌克兰会重放光芒。

(2019.6.27)

［东欧见闻］之六

"黑海明珠"敖德萨

　　敖德萨这个名字过去很陌生，即使如今身临其境，导游又重复讲解多遍，仍有不少团友记不住，常常把这三个字念得颠三倒四。其实，敖德萨的知名度并不低，甚至可以说大名鼎鼎。它是乌克兰第二大城市，面积236.9平方公里，人口101万，经济很发达，市道很繁荣。它地处黑海之滨，是黑海沿线最大的港口城市。这里有个常年不冻的天然港口，与世界百余个国家、600多个港口通航……总之，它绝非等闲之地。

繁忙的海港，黑海的门户

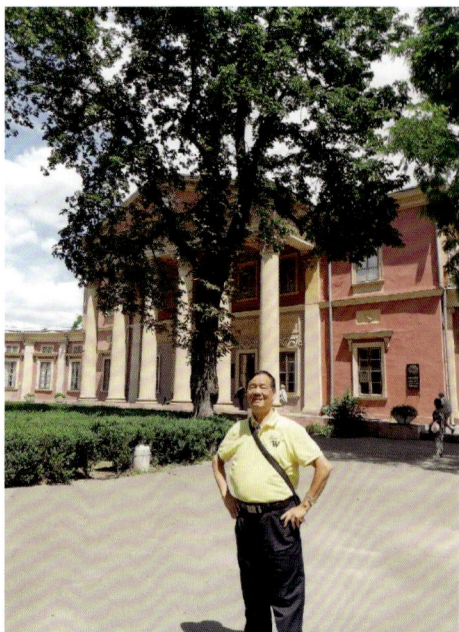

乌克兰名城敖德萨艺术博物馆

的确，敖德萨的地理位置和自然环境非常独特，简直可以用"得天独厚"来形容。它位于乌克兰南部，距首都基辅400多公里。大凡濒临黑海的都是好地方，敖德萨则是佼佼者，因而成为俄罗斯和乌克兰的重要门户。无论是在沙俄、德国、苏联统治时期，抑或是如今在乌克兰的管辖下，敖德萨始终都是"宠儿"，是兵家必争之地。与此同时，敖德萨的自然风光也是非常美丽的，早就是闻名于世的旅游胜地。我的东欧五国18天游，有幸在这里画上圆满句号。

敖德萨地位的特殊性和重要性，无须赘言，仅以下三点就足以说明。其一，它有着光辉的历史，1794年由沙俄最鼎盛时期的叶卡捷琳娜大帝亲自打造。这位具有宏图大略的女皇出手不凡，精心把敖德萨建设成为一个连通世界各地的海上贸易中心和重要的海港城市，且经久不衰。其二，俄罗斯黑海舰队的"大本营"就在它的附近。同时它又是乌克兰重工业和军工（包括航母）的生产基地。我国第一艘航母"辽宁号"的船体就在这里诞生。其三，由于各种原因，导致政局不够稳定，从坊间传出的消息来看，敖德萨的政治形势似乎很严峻，但我们到来一看，倒是一派"风平浪静"的气氛。不管白天还是晚上，到处都热闹非凡。以往我们到其他一些国家旅游时，导游总是如临大敌地嘱咐大家注意安全，晚上尽量不要外出。而在敖德萨，导游却鼓励大家晚上出去走走，领略一下这座"不夜城"的"艳景"。团友兴致勃勃地出去逛夜街，或购物，或观看表演，或抢拍美照，收获满满，尽兴而归！

我们在这里虽然只逗留了短短两天时间，但已参观游览了10多个景点，包括海港码头、海滨观景台、滨海公园、波将金阶梯、国家歌剧院、普希金雕像、无名海员烈士墓、方尖碑、地下坑道博物馆、丈母娘桥、步行街、滨海林荫大道、国家美术馆等。其中印象最深刻的莫过于地下坑道博物馆。它是"二战"时期典型的地道战场所。据说总长有2 500公里，全部是在地下开凿岩石筑成的，前后共开凿了200多年。大家都说，如此浩大的工程，如此秘密的场所，过去真是闻所未闻，见所未见。

作为海滨城市，敖德萨最迷人的当然是海洋风光。当天正好是周末，我们看到成千上万男女老少涌向海滨，或躺在沙滩上晒太阳，或跳水，或游泳，或嬉戏，形成了一道独特的风景线。摄影发烧友当然不会错过这个"猎艳"的机会，纷纷架起"长枪短炮"，捕捉各种精彩镜头。

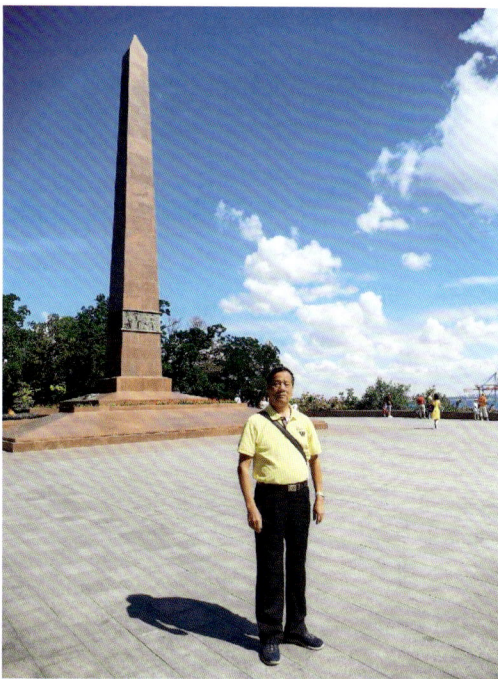

为纪念国家独立而在黑海之滨竖立的方尖碑

有一个景点叫"丈母娘桥"，也是诱人的好去处。这是由一个民间故事演绎而成的。说的是有一户人家，为了搞好婆媳关系，专门修了一座桥，使相隔不远但需绕道很远才能互访的婆媳俩，再也没有理由不常来常往了。故事虽然是杜撰的，但很有创意，吸引了不少游客前来"体险"，使之人气骤增。

(2019.7.1)

[中亚五国见闻] 之一

青涩的城市比什凯克

在旅行社发放的旅行资料中，有两句话简单地介绍了吉尔吉斯斯坦首都比什凯克的情况：它是一座年轻的城市，给人一种青涩的感觉。

起初我不明白是什么意思，便问导游。导游解释说："就是指这座城市不够成熟。既没有著名文物古迹，也没有现代化的都市气氛。"

在参观博物馆、老广场、国会大厦、白宫、胜利广场、国家公园等几个代表性的景点后，我明白了"青涩"的含义。

比什凯克，用当地语言解释，就是"搅拌马奶的棒子"的意思。换言之，这是一个游牧民族国家。

吉尔吉斯斯坦原是苏联的一个加盟共和国，自1991年苏联解体后，和其他一些加盟国一样，宣布独立了。28年来，社会经济和民生虽有些进步，但据我们的观察，进步得还不够快，特别是在城市建设方面，比较平庸和守旧，显得活力不足，缺乏锐气。一句话，看不到多少令人眼前一

比什凯克的街头雕塑

亮的东西。最明显的是，看不到建筑工地，也不见新建筑物在崛起。不过，有些局部地区还是不错的。比如几条主干道很宽阔笔直，两边集中了一些标志性建筑。在国家公园里面，种植了大片百年树龄以上的橡树和白桦林，有些住宅小区也有不少比较漂亮的花草树木。可惜或许因为国家财政不宽裕，没有多少钱投入城市建设和环境整治，使得市容市貌不够亮丽，显得残旧甚至有点脏乱差。我们注意到，这里的商业气氛比较淡薄，似乎没有形成城市商业圈，看不到几家大型、现代化的商场，街上的商品信息特别是奢侈品广告少之又少，霓虹灯及电子化宣传手段更少。总之，该首都缺乏现代化大城市那种繁华的景象。

比什凯克的英雄广场

据导游介绍，吉尔吉斯斯坦有 600 多万人，其中首都占了 102 万。该国人口不多，GDP 不高。由于经济不发达，民生也不宽裕。一般工薪阶层月工资在 300 美元左右，低的只有 150~200 美元。公务员则较高，在一两千美元以上。

吉尔吉斯斯坦工农业及商业都不发达，就业很成问题，形势不乐观。为了谋生，当地人只好外出打洋工，去俄罗斯、迪拜的最多，也有去东欧或中亚邻近国家打工的，估计全国有近百万人在"外漂"。

此外，由于这个国家地理环境比较特殊，处于邻国的裹挟之中，受到严重制约，其在政治、经济，以及国家安全等方面，处境尴尬，令人怜悯。

(2019.9.18)

[中亚五国见闻] 之二

哈萨克：三个"想不到"

说是到哈萨克斯坦旅游，其实只在阿拉木图待了两天多，用"行话"来说，这叫"过境游"。是的，我们正是利用"72小时免签"的优待政策，省下签证费"过境游"。然而，正如俗话说，"窥一斑而知全豹"，看了阿拉木图，就可基本了解全国的概况。因为阿拉木图是哈萨克最大的城市，也是中亚地区最大的城市，哈萨克斯坦原来的首都，很有代表性。

我们在阿拉木图逗留的时间虽然短，但通过参观重要景点和听导游的介绍，已获得不少信息，姑且归纳为三个"想不到"：一是想不到城市这么繁华，东西方文化交融得那么好；二是想不到该国的时局这么稳定，国泰民安；三是想不到环境绿化这么好，空气很清新。

先说第一点。

我们从吉尔吉斯斯坦首都比什凯克飞到阿拉木图，航程只有半个小时。然而，就是这么一点距离，我们就有"两个世界"之感。阿拉木图给我们的第一印象是一个大城市，不但城建格局大气，而且十分繁华。该市

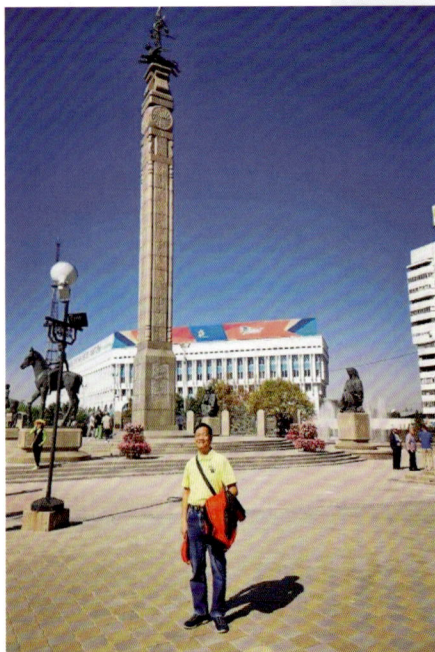

阿拉木图市中心一景

人口 170 万（据说实际上达二三百万），商业气氛颇为浓厚。据当地导游小阿介绍，这里原是哈萨克斯坦的首都，但考虑到多种原因，1997 年迁都了，迁到本市以北 1 700 公里外的新城市努尔苏丹。但直至如今，阿拉木图依然是全国经济、文化和教育的中心。哈萨克斯坦国土面积达 270 多万平方公里，是世界上最大的内陆国家，经济总量位居中亚五国的首位。而阿拉木图的 GDP 又占了全国的 60% 以上，可见其地位举足轻重。由于它处于亚欧大陆的连接点，因而成为东西方文化交融的重地，拥有得

阿拉木图最著名的升天大教堂

天独厚的优势。旅行社为了让我们体验一下当地的民族风情，特意安排到一家特色浓郁的餐馆用餐，席间有丰富多彩的哈萨克民族歌舞助兴，气氛十分热烈。在前往餐馆的途中，夜幕已降临，我们正好游览了城市夜景，映入眼帘的是一派繁华的景象。导游指着旁边一排闪耀着璀璨霓虹灯的建筑群说："你们看，这是阿拉木图最大型的现代化商场，面积有四个足球场那么大，里面商品琳琅满目，其中有很多是当今世界最流行的奢侈品。"

再说第二点。

导游小阿不无骄傲地说，哈萨克斯坦在中亚五国之中，是政局最稳定的一个国家。自 1991 年独立以来，基本上没有发生过社会动乱，哪怕经济发展稍慢一点，老百姓也基本能安居乐业。由于国家实行免费医疗、免费教育等社会福利制度，使全体国民都得到实惠，生活有基本的保障。

为什么能做到国泰民安？小阿解释说，主要是做到了"内外和谐"。对外，一贯实行睦邻友好政策，互不侵犯；对内，注重改善民生，创造良好的生活环境。对此，小阿尤有感触，他说："有些国家，从政府到百姓，都有一股戾气，心中积怨太多，从而使社会不和谐。他们对外搞武装冲突，对内搞政治竞争。哈萨克人的心态则比较平和，心中怨气较少，所以呈现出娱乐升

平的景象。"

最后一点，环境绿化问题，我们的感受特别深。

原先不少团友以为，这里是荒芜之地，谁知到来一看，处处绿树成荫，花草茂盛。据导游介绍，该市绿化率达 70% 以上，是全世界绿化率最高的城市之一。我们乘坐缆车登上了城市的制高点——电视塔游乐园参观，极目远眺，壮丽的雪山犹如一道威严的屏障。看近处，山下的城区掩映在绿树丛中，仿佛世外桃源。下山之后，我们又来到著名的"潘菲洛夫28勇士纪念公园"，这个偌大的公园也被森林覆盖了，特别是有很多参天大树，蔚为壮观。

说实在的，阿拉木图这三个"想不到"，让我们这些曾经周游列国的老驴友也感到很惊讶，眼界大开！有位团友乘兴赋诗赞美之。诗曰：

阿拉木图两天游，三大奇迹眼底收。

四季美景看不尽，五国兄弟占鳌头！

（2019.9.22）

共和国广场花草繁茂

[中亚五国见闻] 之三

"邂逅"冼星海

在哈萨克斯坦阿拉木图"邂逅"冼星海，可以说是我们此行的"意外收获"。导游不经意地提到阿拉木图有一条冼星海大街时，大家既惊奇又兴奋，纷纷要求导游"加料"，前往参观。当地导游小阿是个热心人，他曾在中国山东大学留学6年，非常理解中国人的情感。他说："你们大多来自广东，是冼星海的老乡，对冼星海怀有特殊感情，完全可以理解！"于是，他领着我们在黄昏之际赶到这个特殊的景点。

小阿满怀深情地为我们讲述了冼星海这段感人的故事。

1940年，冼星海奉中共中央指示，到莫斯科为纪录片《延安与八路军》进行后期制作和配乐。然而，1941年6月，德国法西斯侵略苏联，卫国战争爆发，制片工作被迫停止。冼星海借道蒙古回国时受阻，辗转来到哈萨克斯坦的阿拉木图。在这里，他举目无亲，贫病交加。在一次音乐会上他被哈萨克斯坦音乐家拜卡达莫夫发现，并收留了他。虽然当时自家的生活也很艰难，但拜卡达莫夫仍把他当作家人对待。在这段不平凡的日子里，冼星海也是拼命地工作，经常深入哈萨克斯坦各个社会阶层，收集和整理大量民间音乐艺术，

阿拉木图冼星海大街

冼星海纪念碑

创作出大量佳作，其中包括第一交响曲《民族解放》、第二交响曲《神圣之战》，以及《满江红》等。尤其是创作了歌颂哈萨克斯坦民族英雄的交响诗《阿曼盖尔德》，轰动一时。可惜的是，由于他长期受病魔折磨，身体状况越来越差，在一次巡回演出中患了肺炎，由于缺乏药物治疗，加之营养不良，致使病情日益恶化，最后被送到莫斯科救治，但已无力回天，于1945年10月31日病逝于克里姆林宫医院，享年仅40岁。

直到冼星海逝世，拜卡达莫夫及其家人才从新闻报道中得知，这位化名黄训的人，就是创作出《黄河大合唱》《在太行山上》《救国军歌》等一批伟大作品的中国音乐天才冼星海。

若干年后，通过不懈努力，拜卡达莫夫的女儿拜卡达莫娃和冼星海的女儿冼妮娜才联系上，延续了这段情缘。于是，这段尘封多年的异国情谊得以披露。为了颂扬冼星海对哈萨克斯坦音乐事业的杰出贡献，彰显中哈两国人民的友谊，1998年10月7日，阿拉木图市将弗拉基米尔大街重新命名为冼星海大街。巧的是，此大街正好与拜卡达莫夫大街毗邻。与此同时，在街头为冼星海竖立了一座纪念碑。该纪念碑于1999年11月16日正式建成揭幕。从此，这里成为一个旅游景点，也成为中哈两国人民友谊的象征。

这座以荷花为造型的冼星海纪念碑很有特色。碑体下方荷叶层叠，上层荷花绽放。小阿解释说，荷花象征纯洁与高雅，也是寓意东方文化。纪念碑用中、哈、俄三种文字镌刻碑文，上面写道："谨以中国杰出的作曲家、中哈友谊和文化交流的使者冼星海的名字命名此街为冼星海大街。"碑上还镌刻着冼星海的简历以及他创作的交响诗《阿曼盖尔德》的第一行乐谱。

我们置身于冼星海大街，面对着这位伟大老乡的纪念碑，不禁肃然起敬，心中涌起无限缅怀之情！

（2019.9.22）

［中亚五国见闻］之四

穷则思变

——塔吉克斯坦印象

在我们到访塔吉克斯坦之前，就听人说，塔吉克斯坦是中亚地区面积最小的国家，也是经济最不发达的国家。仅这两个"之最"，就足以让人想象：这个国家贫穷落后。

塔吉克斯坦，国土面积14.31万平方公里，人口900多万。在狭小的国土中，93%是高原，其中一半以上海拔在3 000米以上，可耕地面积不足7%。此外，长期以来，无论是对外还是对内，塔吉克斯坦争斗不断，社会动荡，致使这个"高山之国"一直处于贫穷落后的状态，直到1997年之后局势才渐渐稳定下来。"穷则思变"，经过20多年的艰苦奋斗，该国的社会经济有了较大改观。然而，与邻近的国家相比，仍有很大差距。例如，2018年该国国民生产总值仅75亿美元，人均仅800多美元。工薪阶层人均月工资不到280美元，收入较低。

然而，很多时候是不能光凭数据来简单下结论的，因为数据往往反映不出真实而具体的生活。我们从哈萨克斯坦阿拉木图乘飞机抵达塔吉克斯坦首

塔吉克人的婚礼

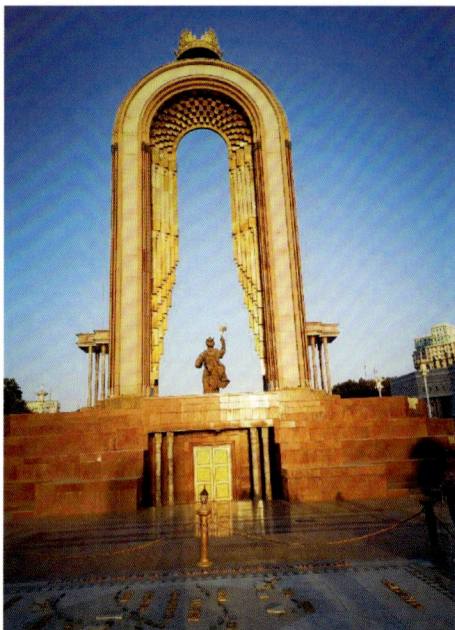

首都杜尚别的索莫尼广场主题雕塑

都杜尚别时，顿觉眼前一亮：市容还不错嘛！似乎与我们想象中贫穷的样子对不上号。

我们首先来到市区中心被誉为"国家名片"的索莫尼广场参观。索莫尼是这个国家的民族英雄，被称为"塔吉克民族之父"，广场正中就竖立着他的巨大雕像。雕像背后则是一座几十米高、具有传统特色的拱门，金光闪闪，非常壮观。以此拱门为起点，向后一直延伸，形成一条逾千米长的中轴线，中轴线上有很多水池正在喷水，充满动感和活力。中轴线两侧，安装了一排排螺旋式的灯饰，漂亮而新潮。广场四周有不少标志性建筑物，包括总统府、图书馆、政府部门办公楼，以及一座城市花园。市内主要街道的隔离带还种植了各种花草树木，绿树成荫，百花竞放。总而言之，杜尚别作为首都，显得颇大气。此外，我们还发现该市有很多建筑物，包括商业楼和居民住宅楼等，都富含中国韵味，一打听，原来大多是由中国人承包建设的。特别值得一提的是，一天晚上我们在一家中国餐厅用膳，这座既包含了星级宾馆，又包含了高档餐厅的建筑物，非常宽敞、豪华、大气。饭后下楼，意外地发现在大堂显著地方挂了两幅大照片，定睛一看，不禁惊讶，原来是中国两批领导人前几年访问塔吉克斯坦时，曾在此住宿和用餐，因而留下了这两张大合照。一打听，此酒店的老板还是中国广东茂名人，与我们是广东老乡，大家顿时增添了亲切感和自豪感。

据导游介绍，近年来中国倡导的"一带一路"在塔吉克斯坦开展得很顺利，陆续建成了一批重点项目，促进了该国经济与民生的发展，城乡面貌得以迅速改变，可谓"今非昔比，鸟枪换炮"了。其中最具代表意义的是在中国人的帮助下，翻修了一条重要的交通动脉——从首都杜尚别通往苦盏的高速公路。这是一条盘山公路，全长320公里，一路上翻山越岭，沿着险峻的山谷延伸，时而爬上海拔两三千米高的山腰，时而冲下万丈深渊，穿越溪水湍急的小桥，真是险象环生，步步惊心！我们体验了这条"天路"的惊险，包括在中途用餐及参观了两处古迹，总共花了 6 个小时。由于山高路弯，大巴不宜上路，我们这支 26 人的队伍只好分乘 6 辆小巴，从杜尚别奔向苦盏古城。司机对我们说，这条公路原先是一条简陋的泥沙路，非常险峻，难以通行。如今经过脱胎换骨般的改造，路况好多了。特别是开掘了两条 5 500 米长的高山隧道，使整个行程缩短了两个小时，社会效益和经济效益更显著了。其中一条隧道是中国人建造的，采用了先进技术，工程质量

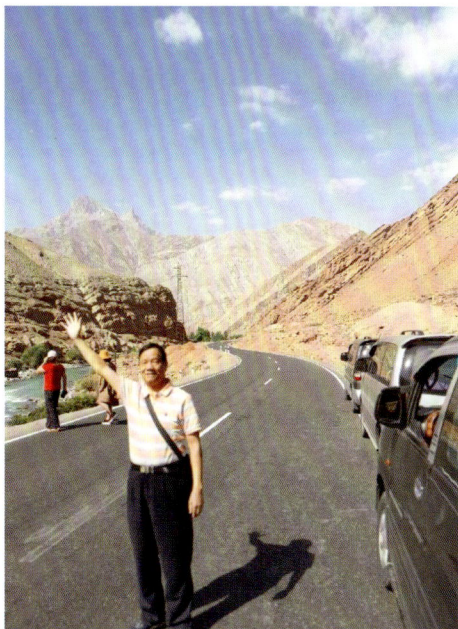

翻越崇山峻岭"新丝绸之路"

一流。虽然这条"天路"如今仍险峻，但路况大大改善了，车速也大大提高。一路上我们一边欣赏神奇的山景，一边谈笑风生，终于安全到达了苦盏古城。

经过"天路"的艰险经历，大家都以为苦盏是个"山穷水尽"的地方。谁知到来一看，却是"柳暗花明又一村"！原来它是亚历山大大帝建造的一座最遥远的古城，环境非常幽雅，宛若世外桃源。它是塔吉克斯坦的第二大城市，也是中亚最古老的城市之一。美丽的锡尔河穿城而过，碧波荡漾，平添了几分艳丽与秀气。两岸新楼簇拥，风光旖旎，令人流连忘返。有道是"凤凰择良木而栖"，近年来，很多中国人借着"一带一路"的东风，前来塔吉克斯坦投资，兴办企业，据说仅有 18 万人口的苦盏市，就有 5 万中国人。

塔吉克人"穷则思变"，国家越变越好。人们有理由相信：杜尚别将不再"别扭"，苦盏也不会再"苦"了。

（2019.9.24）

[中亚五国见闻] 之五

乌兹别克斯坦，别样的风情

我们一行人在乌兹别克斯坦"走马观花"，其给我们留下的印象相当不错，我不妨归纳为三个字：老、高、傲。所谓"老"，就是历史悠久，古迹很多；所谓"高"，就是老百姓幸福感指数较高；所谓"傲"，就是国民为国家的进步和荣誉感到骄傲。

先说"老"。

尽管我去过不少地方，见识过不少历史悠久的国家，但这次来到乌兹别克斯坦，还是感到颇震撼。短短 4 天时间我们就走了塔什干、撒马尔罕、布哈拉、希瓦 4 座古城。这些古城都有 2 000 年以上的历史，在世界上颇负盛名。其中，塔什干是现首都，全国政治、经济、文化、教育中心，地位不言而喻。撒马尔罕则处于"中西文化十字路口"，古丝绸之路的必经之地，位置得天独厚。布哈拉和希瓦则是中亚地区保存最完好的古城，被整体列入世界遗产名录，这在全世界也不多见。

导游小伊不无骄傲地说："在我们乌兹别克斯坦，不到 500 年历史

乌兹别克斯坦首都塔什干国家公园内的"圣火"

乌兹别克斯坦第二大城市撒马尔罕，世界著名的艾米尔陵墓

的东西，都称不上文物古迹，我都不好意思带你们去看！"

我们发现，几座古城留下的最辉煌的建筑物，大多是皇宫、清真寺、宣礼塔、广场等。没想到的是，古陵墓竟也成为精华建筑的典范。然而，由于文物古迹太多，我们"囫囵吞枣"，未免"消化不良"。给我留下最深印象的是阿凡提。有一种说法称阿凡提的故乡在乌兹别克斯坦布哈拉，我们饶有兴趣地前往参观，纷纷与他的雕像合照留念，同时听导游讲述他的感人故事。其实，阿凡提并非具体的某个人，而是一个塑造出来的草根英雄，被到处传颂。由于他是扬善惩恶的化身，因而成为大众的偶像。

再说"高"。

小伊说，乌兹别克斯坦人虽然不算很富裕，但人们普遍心安理得，与世无争，因而幸福感指数较高。这或许与宗教信仰有关（大多信奉伊斯兰教，属逊尼派）。

最后说到"傲"。

从导游小伊的讲解中，我们常常能听出一种"话外之意"：乌兹别克斯坦人很骄傲自豪。这除了自身具有强烈的爱国情怀之外，也的确有很多地方值得他们骄傲与自豪。

首先，我们对其首都塔什干的第一印象就很好。真的想不到这座城市这么漂亮，规划得如此大气。宽阔、笔直的主干道及马路两旁亮丽的建筑物让人赞叹不已。那天中午，我们从塔吉克斯坦一个边境城市过境到乌兹别克斯坦，换乘地接旅行社的大巴，抵达首都塔什干时，已近黄昏。由于时间紧迫，只能匆匆游览几个代表性景点，包括独立广场、议会大厦、纪念广场、国家公园等。这几个地方堪称乌兹别克斯坦的"国家名片"。最让人惊讶的是，这里竟然园林遍布，美不胜收。很多建筑物掩映在林荫和花卉之中。这与我们想象的"沙漠边城"真是天渊之别。难怪导游"王婆卖瓜"地说："你们中国人常说，上有天堂，下有苏杭。但全世界的人来到乌兹别克斯坦，便会说，上有天堂，下有塔什干！"此话虽有自我吹嘘的成分，但我相信也并非毫无根据。

更让导游小伊引以为豪的是，乌兹别克斯坦是中亚五国人口最多的国家

在乌兹别克斯坦体验高铁

（3 300多万），作为一个"负责任的大国"，它肩负了应有的国际责任。他举例说，在苏联卫国战争时期，乌兹别克斯坦为抗击德国法西斯的侵略牺牲了很多人，作出了卓越贡献。

谈到经济建设方面，他认为这几年乌兹别克斯坦的发展有目共睹，特别是参与了中国倡导的"一带一路"之后，一些重点项目正在加紧建设中。我们在旅途中就发现，有一条在建的数百公里长的高铁线路，正从首都塔什干延伸至旅游胜地希瓦。"到2021年后，你们再光临希瓦古城时，就可乘坐舒适而快捷的高铁来旅游，不用坐大巴长时间颠簸了。"小伊对未来充满着憧憬，高兴地对我们说。

真是百闻不如一见。"老、高、傲"的乌兹别克斯坦，值得点赞！

（2019.9.28）

[中亚五国见闻] 之六

封闭而富裕的小国
——土库曼斯坦印象

开宗明义，标题已点出土库曼斯坦三个特点：小国家、封闭、富裕。

的确如此。

土库曼斯坦这个国家不大，国土面积约49万平方公里，其中90%是沙漠，人口仅585万。然而，麻雀虽小，五脏俱全。它是个中立国家，"人不犯我，我不犯人"，安于一隅，自享其乐。

在我出国之前，就听人说，土库曼斯坦是个封闭的国家。至于如何封闭？一般人也说不清楚。这次"到此一游"，我才有一些切身的体会。

首先是签证难。据说此前他们基本上不对外国旅游者发放签证，直到近两年，国门才渐渐打开。说到这个话题，中亚几个国家的导游都颇有微词。乌兹别克斯坦导游小伊说："我们都是中亚兄弟，苏联的成员，包括东欧的几个独立国家，甚至俄罗斯，我们都是互认的，不用办签证，只凭身份证就可出入境，说走就走。唯独土库曼斯坦不

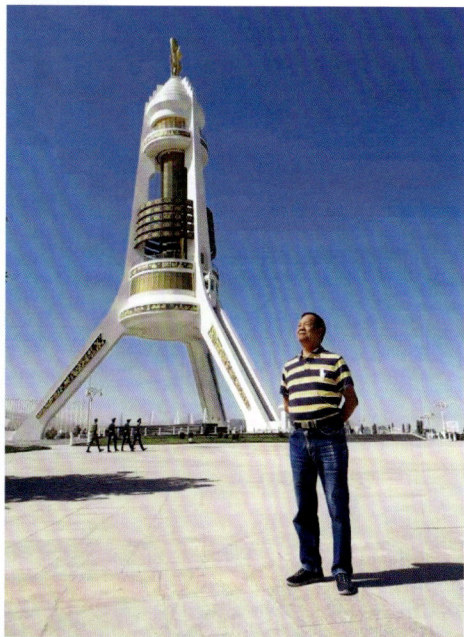
土库曼斯坦是世界七个中立国之一，这是首都阿什哈巴德的"中立纪念碑"

给面子，非要我们办签证不可。"

我们此行是落地签，本以为很方便，但实际上也诸多阻滞。我们从乌兹别克斯坦一个陆路关口过境到土库曼斯坦，手续相当麻烦，全队人马仅行李报关，就足足耽误了一个多小时，大家不免怨声载道。进来之后，很多事情也要慎之又慎，不能"冒犯天条"。例如拍照，规定不准拍摄敏感地方，例如总统府及其他政府机构的建筑物。机场本是个公共场所，内部也不准拍照。很多纪念碑（景点）都有士兵值守，游客不准靠近士兵，更不准拍照。就连大巴扎（集市），内部也被列为禁拍之地。这真是不可思议。该国外币市场管理更加严格。导游一再提醒我们，兑换外币一定要到银行办理，千万不要在街头与小贩兑换，否则视同黑市交易，一旦发现，要受严惩。他还强调说，购物时不要用外币，美元等外钞千万不要公开亮出来，以免引起怀疑……诸如此类，实在令人摸不着头脑，未免有恐怖之感。

而最令我们感到不习惯的是，土库曼斯坦不开通微信服务，甚至连国际长途电话也打不通，致使我们在该国的 4 天时间里，处于"失联状态"。为此，团友们忿忿然吐槽："全世界都已进入 5G 时代了，这里却连微信都用不上，叫我们怎么活啊！"

这种封闭状态，不禁让人对其产生误解，以为土库曼斯坦是一个贫穷落后的国家。谁知到来一看，大为惊讶：原来它是一个很富裕的国家！他们拥有丰富的石油和天然气资源，"一招鲜，吃遍天"，依靠出口这些重要产品，就赚得盘满钵满，"富得流油"！听当地导游巴特介绍，他们国家的工薪阶层月平均工资在 600 美元左右，看似不算高，但公共福利相当好。一直以来，他们除了实行免费医疗、免费教育、优惠购房等制度外，还有令人羡慕不已的社会福利：日常生活所需的天然气、水、电等都免费供应（近年来为减少浪费及平衡收入分配，才象征性地收取一点费用）。

正因为国家富裕，除可改善民生外，更重视"国家脸面"，搞好城市建设，把全国五个州的州府特别是首都建设得像天堂一般美。我们从"地狱之门"景区连夜赶回首都阿什哈巴德住宿，抵达时已是凌晨 12 点半，大家在车上都睡眼蒙眬，醒来一看，不禁惊讶：一座崭新的城市展现在眼前。整座城市的楼宇洁白亮丽，街道灯火通明，深夜如同白昼。次日外出参观，途中游览市容，大家更进一步看清了这座城市的"真面目"，不由得同声赞叹。阿什哈巴德作为一座仅有 100 多年历史、拥有 100 万人口的年轻城市，给人的整体感觉就是青春活力。你看，建筑物的外墙都是用纯白色的大理石铺砌而成，白色代表吉祥和纯洁。放眼望去，宛如置身于"白色世界"。因而它又被称为"白色的阿什哈巴德"。虽然色彩较"单调"，但因每一座建筑物都有独特的风格和个性化的形象，让人过目不忘。有人说，阿什哈巴德就如同一个巨大无比的建筑博物馆，此话不假。我们还特别注意到，这座城市的市容非常整洁有序，笔直宽敞的马路几乎一尘不染，所有交叉路都建了立交桥，全城车流顺畅……

这里虽然没有太多名山大川，但有深厚的文化底蕴，文物古迹和人文景观也不少。尤其令人瞩目的是，有 2 300 多年历史的安息国的遗址，就在这里，现正在一边开放一边挖掘与维修。这个国家的纪念碑、纪念公园和街头雕塑特别多。例如：独立纪念碑、中立纪念碑、"二战"纪念碑、地震纪念碑、文化广场、中亚最大清真寺等，而且每一个都建得很宽敞、大气，很有特色。很多马路交汇的圆盘竖立了富含特殊意义的雕塑，显得很有文化韵味。

除此之外，有两个景点堪称全世界绝无仅有。一个是上面提到的"地狱之门"，另一个则是土库曼斯坦的"国宝"汗血宝马。这两个独特的旅游项目我们都有幸体验了。"地狱之门"原来是一个"火坑"。1971 年苏联地质专家在钻探时意外发现了地下有丰富的天然气，然而不幸钻台忽然下陷，形成了一个五六十米宽、二三十米深的大坑，并有气体逸出。为了防止污染，专家们决定把气体点燃，原以为很快就会把气体烧完，谁知一发不可收拾，大火一烧

首都阿什哈巴德新颖奇特的"结婚大厦"

就烧了48年，熊熊烈火至今没有熄灭。"祸兮福所倚"，如今这个"地狱之门"成为世界著名的旅游景点，每天吸引着来自世界各地的大批游客前来探奇和观光。

说到参观"汗血宝马"，更是举世无双的一个独特项目，只有在土库曼斯坦才

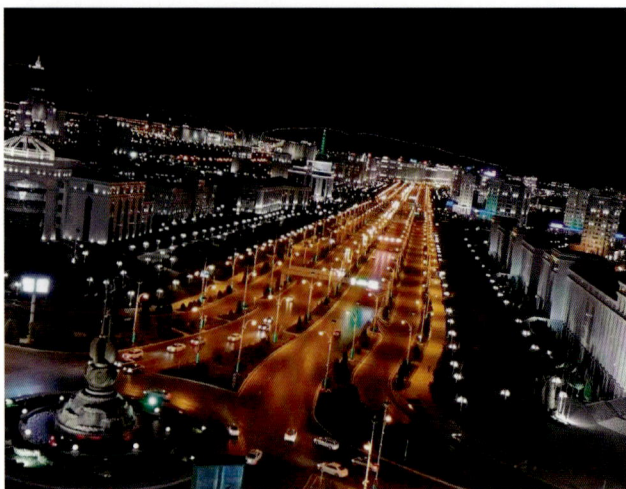
首都阿什哈巴德璀璨的夜景

能领略得到。这里有多个养马场，培育了4 000多匹汗血宝马（据说全世界仅5 000匹）。这些价值几十万、几百万甚至上千万美元一匹的纯种"阿哈尔捷金马"，矫健壮美，让人眼界大开。更想不到的是，我们竟可以零距离与之亲密接触，拍照留念，很多团友甚至亲自骑上宝马，驰骋在养马场上。团友们感慨，此行五国，走了很多地方，游了不少景点，收获当然很大，但最大的亮点，非土库曼斯坦的"地狱之门"和"汗血宝马"莫属。

(2019.9.30)

行吟

诗歌

（景观篇）

地球村

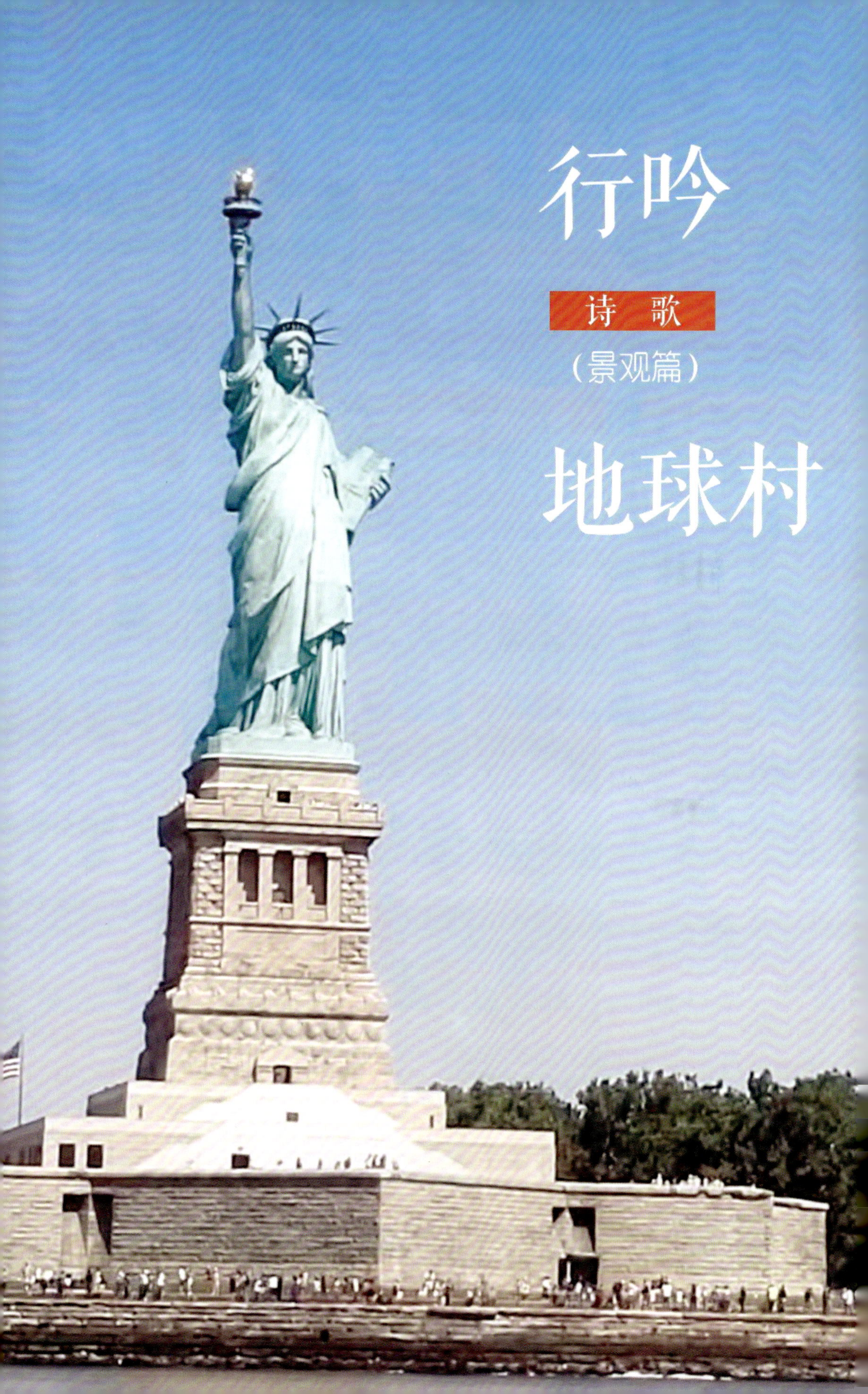

广州国际灯光节^①

花城首办灯光节，

璀璨华灯映月斜。

梦幻虹霞添异彩，

千红万紫颂和谐。

注：

①是日重阳节，首届广州国际灯光节在花城广场开幕，场面异常震撼。

(2016.11.16)

花城广场

斗 鸡
——菲律宾见闻

岛国兴斗鸡，
菲民倍着迷。
胜败论英雄，
残酷当传奇。

祥龙①游菲国，
入乡随俗意。
彩凤②旺神州，
新年添福气。

注：

①"祥龙"指"龙的传人"，即中国游客。

②"彩凤"即雄鸡。适逢2017年中国农历鸡年，买只木雕公鸡带回国，既应节又添福气。

(2016.12.23)

栩栩如生的木公鸡

斗鸡

在广州天河花市

花市观人潮

除夕羊城花市闹，

花海无涯观人潮。

天河喜迎天下客，

花花世界竞妖娆。

欢声宛如交响乐，

笑语南腔汇北调。

花街顿成"联合国"，

花档化作"连心桥"。

百花迎春贺新岁，

雄鸡唱晓①乐逍遥。

岭南春色无伦比，

世界新闻上头条！

注：

① "雄鸡唱晓"寓意鸡年到来。

（2017.1.27 除夕）

元宵花灯会

越秀公园花灯会，
艺术奇葩齐荟萃。
雄鸡当红唱主角，
"老虎苍蝇"① 失机会。

满山花灯斗新颖，
百万精品史之最。
栩栩如生叹观止，
佳人留影排成队。

春光明媚天作美，
游园登山未觉累。
旷世花灯谁见证？
五羊②神仙也陶醉！

广州云台花园花会现场

广州越秀公园花灯会一景

注：

①当前开展的反腐斗争，被人们称为"打虎拍蝇"。

②五羊雕像是越秀山的标志性景点。

（2017.2.11）

骑鸵鸟，快如飞

[南非之旅诗草] 之一

玩转鸵鸟园

常言宿命又如何，

长跑冠军竟姓鸵。

两眼沙堆竟不见，

万千贵客却张罗。

游人骑坐如飞马，

吃货佳肴胜雁鹅。

奉献人间都是宝，

情操最美赞"鸵哥"。

(2017.4.3)

[南非之旅诗草] 之二

登桌山有感①

辟地开天定乾坤，护卫"开普"有众神。

登临"桌面"世界小，缆车垂直上青云。

两洋相汇知冷暖，友聚天涯倍觉亲。

但愿"好望"更好过，世人共建地球村。

注：

①世界著名景点"桌山"，山顶平整如桌面，是开普敦的象征和"靠山"。附近有"十二门徒山"护卫，远处的好望角碧水连天，风高浪险。在大西洋与印度洋交汇处，可见冷暖两股潮流融合，蔚为壮观。好望角素有"好望不好过"之说。

(2017.4.3)

登上桌山顶，一览众山小

在桌山远眺好望角

[南非之旅诗草] 之三

重游南非①

阳春三月雁南飞，

旧地重游乐不归。

"好望"天涯一去远，

"桌山"地角几徘徊。

"金砖"璀璨环宇亮，

"宝钻"晶莹大地晖。

探险荒原禽兽伴，

人生逐梦又一回！

注：

①13年前本人初访南非这个"金砖国家"。此诗提及的好望角、桌山、野生动物保护区等，均是南非著名景点。

(2017.4.4)

好望角海滩

南非野生动物保护区

再访"塞上江南"

朝辞珠江之畔，暮抵西域贺兰。
天马行空未歇，再访塞上江南。

母亲黄河环抱，广袤锦绣田园。
大漠水网纵横，何来天方夜谭？

西夏风情无限，元昊千年谜团。
镇北影城经典，沙场杀声震天！

宁夏枸杞瑰宝，甘草发菜超凡。
"沙坡"治沙奇迹，造林举世罕见。

银川中阿之轴，梦幻新城名片。
不觉别宁八载，重游满眼新鲜！

银川新城"中阿之轴"一景

(2017.5.29)

大漠天堂

——宁夏沙坡头①剪影

旅游胜地沙坡头，大漠奇景胜绿洲。

茫茫金海连天际，滔滔绿浪似蜃楼。

古城中卫建新市，治沙造林冠全球。

"世界最美"沙漠景，诱得王维再重游。②

注：

①宁夏中卫市设有沙坡头区，沙坡头景区被誉为"世界最美沙漠"。

②唐朝诗人王维曾留下"大漠孤烟直，黄河落日圆"的千古名句。

(2017.5.30)

世界最长滑沙道——沙坡头

驼铃声声

游黄河青铜峡

贺兰纵卧南北间，黄河奔流不复还。
"父母"青铜峡上会，不毛山岳踞雄关。[1]

大河急转疑断流，巨坝横亘锁狂澜。
创世工程撼天地，水电利民耀人寰。

与朋友梁计照参观"大禹治水文化园"

当年大禹治恶水，彪炳青史四千年。
展馆巍峨河边立，人文胜景写新篇。

青铜峡上圆夙愿，黄河逐浪驾飞船。
游罢宁夏赴青海，铁龙划破不夜天！

注：

①黄河是中国的母亲河，贺兰山则被宁夏人称为父亲山。然而，"父母"一直相隔开，直到青铜峡才相依在一起。青铜峡一边是贺兰山，另一边是牛首山，山势均很巍峨，寸草不生。然而，不毛之地竟也成了独特的景观，令人赞叹。

与夫人在青铜峡中华黄河坛

(2017.5.31)

与夫人在月牙泉

鸣沙山月牙泉景区

鸣沙山与月牙泉

鸣沙山有韵，月牙泉无声。
大漠现奇观，山水与共生。

沙山金灿灿，泉水碧莹莹。
天工巧造物，圣景馈众生。

忆昔传隐患，泉竭时有闻。
可喜人有智，科学改乾坤。

引来甘露水，泉满芦荡茵。
沙丘添异彩，仙境更迷人。

景区规模扩，管理见匠心。
驼铃声声脆，处处和谐音。

今日游旧地，焕发我青春。
若问何评价？我打一百分！

（2017.6.2）

莫高窟^①

平生几度梦敦煌，

两次亲临看洞藏。

瑰宝生辉开眼界，

国学荟萃注胸膛。

飞天仕女传神美，

卧地释迦造艺长。

更有超凡"听视馆"，

声光立体展华章！

注：

①时隔19年，我重游莫高窟，目睹景区的巨大变化，感慨万千。如今，国家斥巨资新建了规模宏大的现代化"数字中心"，采用3D影视技术为游客展现艺术瑰宝，更形象地普及知识，深受游客欢迎。

(2017.6.4)

莫高窟景区飞天雕像

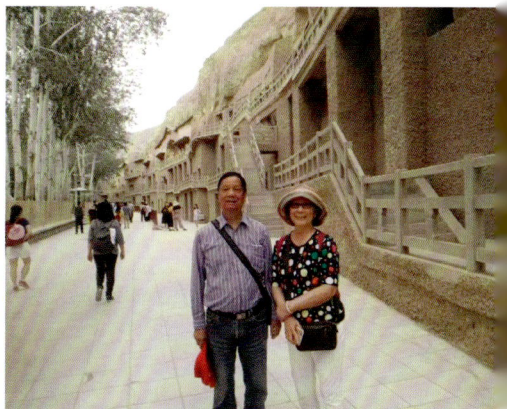

莫高窟景区留影

嘉峪关感怀

万里长城嘉峪关，巍峨矗立镇西天。

居高临下御顽敌，瓮中捉鳖设迷圈。

民族精神铸铁壁，古人智慧见一斑。

天险更须后防固，国运不济亦枉然。

纵有雄关千万道，难挡列强犯中原。

百年屈辱尤谨记，警钟长鸣志弥坚。

翻开历史新一页，世界和平著鸿篇。

何时拆掉藩篱障，天下太平不设关？

(2017.6.5)

嘉峪关

嘉峪关外，莽莽苍苍

[美加之旅诗抄] 之一

永恒的红心

常听人说，

"海枯石烂心不变"。

可谁相信，

真正的心脏能 "保鲜"?

今天，

我要告诉你一个奇迹：

不朽的红心，

我在加拿大曾看见!

在蒙特利尔皇家山，

约瑟夫大教堂里面，

就珍藏着一颗心脏，

来自安德烈修士的遗体，

数十年来，

殷红的颜色始终未变!

出身贫寒的安德烈，

在平凡的岗位上，

一干就是四十年。

他把自学的医术献给大众，

救助了腿疾患者万万千!

在教堂的博物馆里，

有患者丢下的无数拐杖，

堆积成一座座小山!

他纯洁的心灵，

感化了千万善长仁翁，

筹来巨额善款，

建起了宏伟的教堂，

实现了人生最大的夙愿。

想起伟大的修士安德烈，

我明白了一个哲理：

好人终有好报，

伟大出于平凡!

(2017.7.23)

[美加之旅诗抄] 之二

满江红·尼亚加拉大瀑布

瀑布惊天，声威壮，雷霆震撼。长逝水，源头浩荡，飞流舞练。万丈深潭难见底，百舸破浪逐河面。众沸腾，彩虹现当空，如梦幻。

连加美，跨边线；鬼神工，实罕见。举世无类比，客流天荐。世界周游观万景，唯它最令吾称赞。爱观光，加美定重游，岂容倦！

(2017.7.26)

远望尼亚加拉大瀑布

尼亚加拉大瀑布近景

哈佛大学校园中的哈佛雕像

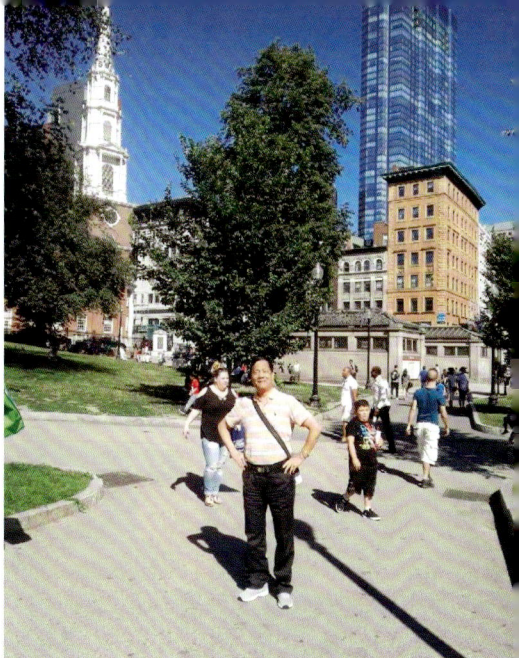

在波士顿中心广场

[美加之旅诗抄] 之三

南乡子·参观哈佛与麻省理工

时隔 20 多年，我重访世界著名高等学府麻省理工学院和哈佛大学，兴奋之情溢于言表，乘兴特赋此词。

何故梦华年？大步流星闯校园。麻省哈佛高大上，流连，智叟童真绽笑颜。

老迈乐当前。有幸逍遥美利坚。"廉价文凭"谁来捡？休嫌，做客沾光心更甜。

(2017.7.31)

又见自由女神

我曾四次来到美国，
对自由女神情有独钟。
每次前来瞻仰，
心里都充满崇敬与激动。
那93米的巨大雕像，

矗立在纽约哈德逊河口，
仿佛一座灯塔高耸。
左手抱着《独立宣言》，
发出"自由照耀世界"的呼声，
真理被世人传颂；
右手高举12米的火炬，
熊熊火光照耀环宇，
泱泱气势直逼苍穹！

记得23年前，
我第一次登临自由岛，
顺着168级楼梯，
攀上女神的头部，
眺望曼哈顿，
仿佛与大千世界
水乳交融……

然而，
自从"9·11"恐袭之后，
女神顿时冷漠了，

纽约自由岛上的自由女神像

人们不能再登上自由岛，

与她相偎伴、相靠拢。

只能乘船兜圈张望，

偶像变得一片朦胧……

我们不禁要问：

为何女神变冷漠了？

莫非它没有看到，

当今世界不太平？

到处战火纷飞，

大地逆流涌动，

恐怖频繁袭击，

城乡遍野哀鸿……

女神啊，

你为何熟视无睹，

无动于衷？

哦，我明白了，

它根本没有心肝与肺腑，

怎会怜悯人间的苦痛？

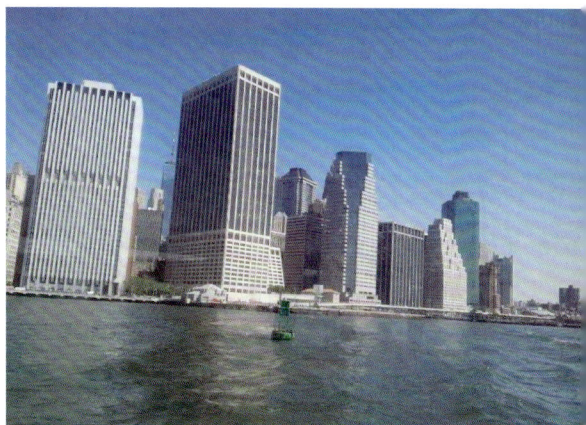

纽约哈德逊河岸的高楼大厦

它只不过是一尊呆滞的塑像，

一个艺术化的图腾！

于是，

我不再对它抱有幻想，

不再对它膜拜与歌颂。

此刻，我和很多游客一样，

来也匆匆，

去也匆匆……

(2017.8.1)

纽约华尔街

与部分亲属合影留念

[美加之旅诗抄] 之五
水调歌头·纽约省亲

　　旅游来到纽约，专程前往探望 89 岁高龄、移民美国 30 多年的胞姐，并与其他几位亲戚会面，十分高兴。慰藉之余，作此词以共勉。

　　万里重洋渡，纽约会宗亲。回眸阔别七载，老姐尚精神。历诉移民甘苦，托赖平安无恙，抚慰胞弟心。我把茶当酒，敬谢众亲人。

　　新希冀，中国梦，势千钧。民族复兴伟业，协力竞超群。寄望神龙后裔，奉献聪明才智，异域立功勋。但愿人长久，华夏耀乾坤。

（2017.8.3）

[美加之旅诗抄] 之六
他乡遇故知

　　到加拿大、美国旅游，有幸与昔日上海老友吴旻先生在纽约相会，并应邀到其新泽西州的别墅家中做客，相谈甚欢，感叹人生难得一知己也。

帝国周游梦，

他乡遇故知。

羊城连纽约，

沪系新泽西。

不论资同社，

只谈寿与诗。

依依难作别，

寄望再逢时。

（2017.8.3）

吴旻先生（左一）

四方竹

西樵四方竹

皆言竹子圆筒状，
唯见西樵竹四方。
凄美爱情谁杜撰？
引来远客恸悲凉。

注：

传说古代广东西樵山上有一对恋人，
因女方母亲嫌贫爱富，坚决反对女儿嫁给
男方，放出狠话说："除非后山的竹子变
成四方！"遂把女儿许配给一个有钱人，结
果女儿于成亲那天跳崖自尽。男青年出家
当了和尚，每当他思念姑娘之时，就用手
搓捏竹子，久而久之，竟然把竹子捏成
四方形状，于是流传下这个凄美的爱情
故事。

(2017.8.26)

感悟"无叶井"

西樵山上"无叶井"，
泉水汩汩流不停。
井边婆娑参天树，
叶落井中无踪影。

罕见奇迹耐寻味，
个中奥妙谁洞明？
原来大树常年绿，
少有落叶乱飘零。

再看井口小而方，
落叶难以掉其中。
泉水潺潺流不息，
残余败叶不留停。

游人感悟"无叶井"，
反腐倡廉哲理明。
引来活水驱污秽，
遍植松柏万山青！

与友人在"无叶井"

（2017.8.27）

[法瑞意之旅诗词] 之一

如梦令·梵蒂冈

　　梵蒂冈是位于罗马城内的一个"袖珍王国"，是全球面积最小、人口最少的国家，但它是全世界天主教中心，全球六分之一人口的信仰中心，在某些方面，影响力甚至不亚于超级大国……

　　　国小影响独大，宗教圣旗高挂。

　　　何以富流油？世界信徒乃大。

　　　也罢，也罢，原本就成神话！

(2017.9.20)

梵蒂冈圣彼得大教堂广场留影

[法瑞意之旅诗词] 之二
菩萨蛮·罗马斗兽场

崇洋尚古奔罗马，谁观斗兽何其雅？ 追忆越千年，贫奴实可怜！

时光留不住，世俗风流处。游客倍青睐，废墟当教材。

(2017.9.21)

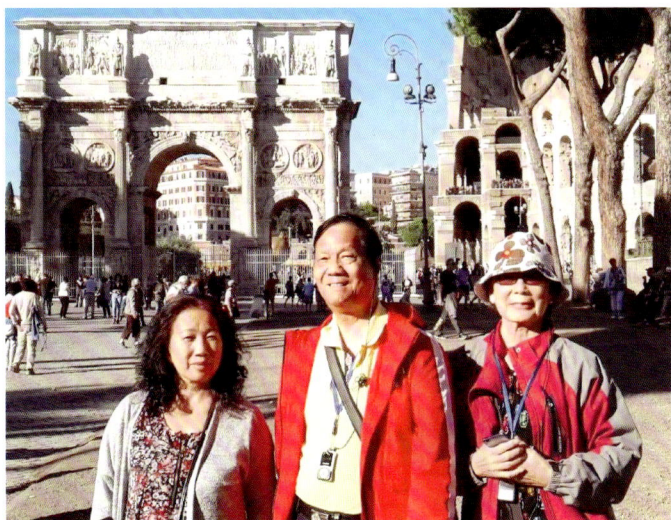

与外甥孙女刘翠芳（左）及夫人蔡文凤（右）在罗马斗兽场外留影

[法瑞意之旅诗词] 之三

卜算子·大卫雕像

大卫雕像

在欧洲文艺复兴发源地佛罗伦萨，有一座 5.5 米高的大卫雕像，是 16 世纪雕塑大师米开朗基罗的代表性杰作。虽然在该市"领主广场"向大众公开展出的大卫雕像是一件复制品，但也有 400 多年历史，每天吸引了成千上万的游客到来参观。可笑的是，有人却指责它"一丝不挂，有失风雅……"

文艺是非多，大卫蒙羞愧。众目睽睽裸胴身，愚昧说淫秽。

谬论太荒唐，未晓君纯粹。艺术高峰诱众生，智者皆陶醉！

(2017.9.22)

[法瑞意之旅诗词] 之四

采桑子·威尼斯水城

瑶池不怕城淹水，海底龙宫，地上皇宫，造岛千年国运隆。

彩虹①四百连千巷，跨越时空，怀念莎翁②，今古游人醉梦中。

注：

① "彩虹"指城内有四百座拱桥。

② "莎翁"指莎士比亚，其名剧《威尼斯商人》就以此为背景。

(2017.9.22)

威尼斯水城

正前方横跨水面那座桥名为 "叹息桥"

[法瑞意之旅诗词] 之五

绝望 "叹息桥"

水城威尼斯，奇景世无双。

楼房 "浮" 水面，街在水中央。

拱桥四百座，纵横连八方。

众望 "叹息桥"，悲情破天荒。

左边有法院，右边是牢房。

短桥近咫尺，生死两茫茫。

死囚投监狱，永生暗无光。

领刑桥上过，叹息徒悲伤。

如此怪景点，观者泪汪汪。

触景也生情，慨叹何凄凉？

人生漫长路，莫把祸来闯。

一步走差错，后果难设想。

谨慎处世事，诱惑需提防。

无罪何足惧，贵在心坦荡。

若为自由故，赴死也荣光！

(2017.9.23)

[法瑞意之旅诗词] 之六

邮票小王国

列支敦士登，

瑞士"城中村"。

弹丸小王国，

富裕举世闻。

邮票稀为贵，

闪亮如星辰。

银行独家办，

吸金赛转轮。

上帝赐美景，

贵客聚如云。

如此"小王国"，

天下何处寻?

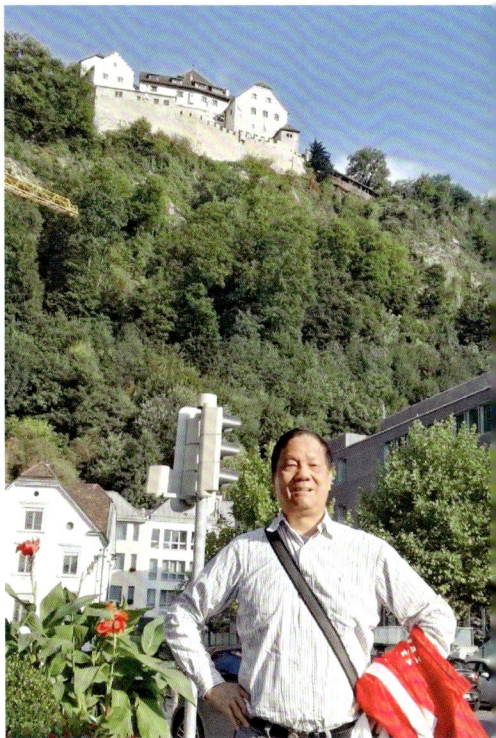

山上的白房子是列支敦士登皇宫

（2017.9.23）

185

[法瑞意之旅诗词] 之七
登瑞士冰川

才搭黄金快线，又登白雪冰川。
海拔三千米处，两段缆车通天。

冰天雪地严寒，幸有艳阳送暖。
踏雪不顾狼狈，摔跤也绽笑颜。

滑道抢拍雪景，远摄皑皑雪山。
尊享贵宾待遇，无须恐后争先。

尽兴未觉疲惫，御寒品尝美餐。
首尝冰川之旅，人生夙愿终圆。

(2017.9.25)

冰川上的滑雪场

[法瑞意之旅诗词] 之八
"怪物" 不怪

卢浮古今看未来，一进宫门眼界开。
眼前突现"金字塔"，创世奇葩"新招牌"。

玻璃建造"金字塔"，独特设计遭疑猜。
名流愤然斥"怪物"，誓要推倒再重来。

大师非是平庸辈，力排众议打擂台。
幸有总统长慧眼，一锤定音撑奇才。

新生事物论成败，历史考验识好歹。
如今"怪物"人人赞，昔日"反派"也开怀。

传承文化破魔咒，启发人类脑洞开。
卢浮古宫添新景，梦幻巴黎放异彩！

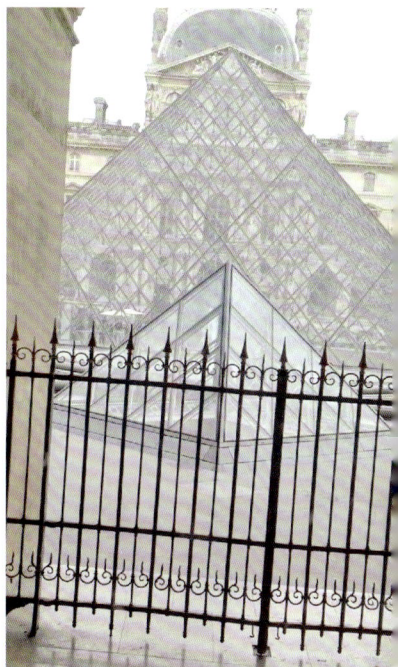
卢浮宫内的玻璃金字塔

注：

20多年前，美籍华人设计大师贝聿铭应邀在卢浮宫庭院内设计建造一座"玻璃金字塔"，引起很大非议，甚至被一些社会名流斥之为"怪物"，要求推倒重来。但贝大师力排众议，并得到密特朗总统的坚定支持，最终建成了。后来它慢慢被人们认可，批评变为赞扬，"怪物"变为"杰作"，此事让人颇受启发。

(2017.9.27)

[法瑞意之旅诗词] 之九

水调歌头·埃菲尔铁塔

仰望塔尖顶，直插九重天。英名出尽风头，欢呼庆百年。岂料当初杰作，非议满城风雨，责骂众声喧。妄议何足惧，真理可回天。

埃菲尔，神奇塔，耀人寰。不应忘记，螃蟹勇者敢尝鲜。伟大遗产传世，浪漫巴黎添彩，举世赞高端。最美狂欢夜，焰火耀云端！

(2017.9.28)

埃菲尔铁塔

[法瑞意之旅诗词] 之十

南乡子·美神维纳斯

何处觅神奇？至爱卢浮维纳斯。千古美神多少议？啼啼。绝代天骄断臂时。

游客恨来迟，谁见清纯美若伊？天下超模无法比。无疑。残缺何成万众迷？

(2017.9.28)

参观维纳斯雕像

[法瑞意之旅诗词] 之十一
蒙娜丽莎

卢浮宫内尽奇葩，最是"蒙娜"众口夸。

微笑永恒真善美，秋波频送你我他。

先师杰作堪传颂，后辈鸿沟孰可跨？

莫道巴黎高大上，他朝艺圣看中华。

注：

艺术大师达·芬奇的代表作《蒙娜丽莎》油画像，是卢浮宫三大镇馆宝物之一。无论你站在什么角度看她，她的眼睛都会含情脉脉地注视着你，对你微笑，甚为神奇。

(2017.9.29)

《蒙娜丽莎》油画像

[法瑞意之旅诗词] 之十二

采桑子·购物狂

(两首)

其 一

旅游购物争相买，客似云来，巨富成排，陷阵冲锋挤柜台。

"佛爷" 老店人潮涌，顾客徘徊，侍女招徕，表叔姑妈抢酷牌。

其 二

巴黎现象多奇怪，浪漫情怀，吓坏 "外来"，拥堵车流队队排。

土豪购物真干脆，只要名牌，贵的拿来，阔气张扬笑眼开！

(2017.9.29)

巴黎 "老佛爷" 购物中心

"购物狂" 们在马路边整理商品

〔粤湘鄂赣四省游〕之一

蝶恋花·登岳阳楼

浩瀚洞庭秋意爽，绚丽朝霞，伴我登楼望。再上君山谒妃帝，千年胜景呈新状。

天下之忧谁可解？吾辈当先，重任挑肩上。待我中华圆梦日，名楼见证豪情放！

注：

岳阳楼收藏了范仲淹的千古美文《岳阳楼记》，其中有"先天下之忧而忧，后天下之乐而乐"名句；而在洞庭湖另一边的君山岛，有虞帝二妃墓，这些文物古迹非常珍贵，此行我收获甚大。

(2017.11.4)

与战友潘英棠参观岳阳楼

[粤湘鄂赣四省游] 之二

卜算子·荆门会友

　　湖北荆门市老朋友周天慧先生，是个博学多才的人，原是《中国医药报》湖北记者站的"名记"，后下海经商，先后创办了中医诊所和房地产公司，均有建树。之后又专注于文学创作，成为一名著作等身的著名作家。今天我专程来荆门，登门拜望这位挚友。

　　幸会鄂荆门，挚友周天慧。阔别丹江十数秋，未忘君常海。

　　著作等身高，古稀不言退。笑捧空杯敬客人，戒酒清茶对。

(2017.11.5)

周天慧先生（中）

[粤湘鄂赣四省游] 之三

夜访三峡大坝

三峡大坝

泱泱大中华，巍巍三峡坝。
梦中浮思绪，眼前现真葩。

长江截洪流，百米水落差。
发电兼通航，水利富天下。

秋凉赏夜景，华灯映彩霞。
巨龙更壮美，天女散金花。①

乘兴啖肥鱼，夜宴乐农家。②
把酒抒胸臆，对月品岩茶。

注：
①"巨龙"指三峡大坝；"天女散金花"指景区的灿烂灯火。
②在景区内一间"农家乐"用餐，品尝三峡特有的"肥鱼"。

(2017.11.5)

[粤湘鄂赣四省游] 之四
感悟 "隆中对"

襄阳隆中藏卧龙，诸葛孔明隐山空。

躬耕苦读察天下，经纶满腹智盈胸。

刘备求贤饥且渴，三顾茅庐肝胆通。

开诚奉献《出师表》，卧龙出山表贞忠。

今日重温隆中对，感悟良多诲无穷。

莫道怀才常不遇，诸葛终归成蛟龙。

纵使机缘成霸业，皇叔亦然拜下风。

甘愿俯首三顾庐，方有超才助成功！

(2017.11.7)

与友人安剑波（左）、战友潘英棠（右）参观 "隆中对"

[粤湘鄂赣四省游] 之五

万岁银杏谷

树龄两千多年的银杏

千年银杏何其多，

难比随州银杏坡。

永兴村中"五老树"，

组合年龄一万多。

世界遗产进名录，

植物化石人间活。

专家惊呼开眼界，

如此"文物"没见过。

万里之行书万卷，

今次有幸"补一课"。

"五老"银杏谁化身？

其中一棵就是我！

（2017.11.8）

[粤湘鄂赣四省游] 之六

谁是英雄

——赤壁感怀

赤壁战场千古颂，弱旅联盟抗骁雄。
庞统妙献连环计，周孔同谋用火攻。

火烧连营凭天助，诸葛神算借东风。
以少胜多成范例，众说纷纭辩过功。

胜者为王败者寇，历来定论无异同。
赤壁山巅雕巨像，周郎俨然大英雄。

曹操兵败声誉毁，世人同声斥奸雄。
焉知丞相立霸业，气死周郎是卧龙！

(2017.11.9)

赤壁景区的周瑜雕像

197

[粤湘鄂赣四省游] 之七

珠玑巷寻根

寻根问祖到珠玑，

重访不觉逾古稀。

历来不问姓氏事，

一生远离伪与虚。

虽知源头自云梦，①

却把华夏作故居。

祈愿世界一家亲，

五湖四海有宗祠。

南雄珠玑巷

注：

　①十多年前初访珠玑巷，一晃已年逾古稀。此次寻根方知黄氏来自湖北云梦县。

(2017.11.11)

[缅甸之旅] 之一

如梦令·千僧膳

　　缅甸曼德勒有一家全国最大的佛学院。那天，我们饶有兴趣地目睹了3 000名僧侣集体用膳的情景，队伍浩浩荡荡，场面非常壮观，令人甚感新奇与震撼。

偌大进修禅院，

僧侣午间开膳。

列队整三千，

砵重脚轻袈艳。

无憾！无憾！

如看电影场面。

（2017.11.20）

三千僧侣列队进膳堂

[缅甸之旅] 之二
调笑令·金饭碗

在曼德勒一家著名漆器工艺厂参观时，我有幸购得一只金饭碗，爱不释手。其实它只是一件漆器，外表涂了一层金水。令人不可思议的是，"金碗"内胚竟由头发丝般的马尾编织而成，手艺巧夺天工，无比精湛！于是它成为我收藏品家族中一颗光辉夺目的"明星"。

缅甸，缅甸，宝物得来随便。
美元七十低廉，沽来金碗殿存。
殿店，殿店，满屋豪光灿灿。

(2017.11.21)

珍贵的工艺品"金饭碗"

[缅甸之旅] 之三
忆江南·大金塔

被誉为"仰光名片"的瑞德恭大金塔，由 68 座小塔组成，是世界上规模最大、最贵重的金佛塔，其主塔均由纯金制成的"瓷片"镶砌而成，价值连城。

大金塔，佛祖耀天涯。

灿烂金砖镶塔壁，虔诚善信拜佛牙。举世叹奢华。

(2017.11.21)

瑞德恭大金塔

广西灵渠风光

[桂林游]

采桑子·灵渠水街

　　秦皇霸业撼天地，开建灵渠，连贯湘漓，粮草支前奠胜基。

　　一河两岸古街旺，秦汉传奇，亭榭情迷，万里桥头过客熙。

注：

　　沿着古老运河灵渠两岸而建的兴安水街，已有 2 200 多年历史。其周围有秦皇宫、古戏台、万里桥等景点，韵味十足，被评为国家 4A 级旅游景区。

（2017.12.8）

卜算子·广州城市原点

粤秀古街区，穿越中轴线。经纬罗盘定坐标，唯此圆心奠。

盛世拓城宽，百里红棉艳，楼宇摩天赞美谁？原点初心现。

(2017.12.20)

站在广州的"原点"

如梦令·珠江"画廊"
（两首）

广州首条旅游专列，沿途车站艳丽

时逢冬至，广州阳光灿烂。笔者怀着喜悦的心情出门闲逛，忽然想起尚未坐过新开的有轨观光电车，于是萌生尝鲜之意。这是一条观光列车专线，沿着珠江南岸走，从广州塔至万胜围，全长7.7公里。真是"不看不知道，一看忘不了"！人们对它有四赞：一赞技术先进；二赞车厢漂亮；三赞服务热情；四赞景观精彩。

有轨电车游

冬日暖阳高挂，闲逛琶洲塔下。有轨电车游，专线往来观"画"。佳话！佳话！立意创新无价！

观光专列

专列旅游潇洒，沿岸景观似画。碧水映蓝天，浓墨彩描飞马。惊讶！惊讶！更把羊城神化！

（2017.12.22）

乘专列游览珠江北岸风光

重游小鸟天堂

人间无地狱，小鸟有天堂。①
当年造物主，未料今辉煌。

一榕十五亩，独占河中央。
万鸟栖绿岛，朝夕闹洋洋。

树龄三百九，湿地威名扬。
巴金赐芳名，礼赞著华章。②

江门新会的"小鸟天堂"

小鸟天堂景区

慕名 N 次访，遐思溢胸膛。

人与大自然，和谐相益彰。

可惜地球村，罕见此天堂。

环境遭破坏，生态遍鳞伤。

人栖不如鸟，无处觅清凉。

世界何脏乱，令人费思量。

但愿护环境，苦果不再尝。

何时学小鸟，栖身真天堂?

注：

①此景区坐落于广东江门市新会区。

②著名作家巴金游览此地之后，写了一篇脍炙人口的散文《小鸟天堂》，

该景区便以此命名。

(2017.12.23)

萝岗赏香雪

岭南冬艳丽，萝岗飘香雪。

熏风伴暖阳，赏梅好时节。

偶遇姑娘俏，同游乐不歇。

妖姿漫林间，花儿顿失色。

游客围观赞，梅林换主角。

摄友猎镜头，追星忙不迭。

倩影众猜疑：天仙何甄别？

（2017.12.27）

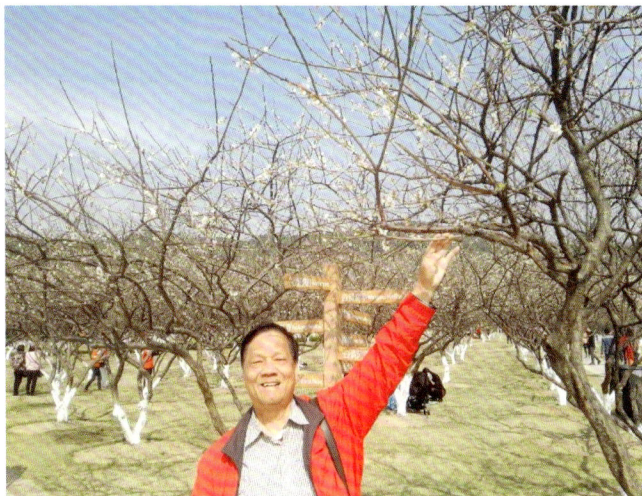

萝岗香雪景区

渔家傲·地铁巨无霸

　　广州13号线地铁今天正式开通运营，该线路启用了世界最先进的"五最"列车：车卡最多（共挂8节车厢，总长186米）、车厢最宽敞（内宽达3米）、速度最快（最高时速逾100公里，比一般地铁提速30%）、载客最多（满员可载3 456人）、设计最温馨（站内设有母婴室、男女厕所、自助导购机、共享雨伞）等。

　　岁末羊城喜事"炸"，开通地铁"巨无霸"。乘客尝鲜争首驾。神箭发，风驰电掣如飞马。

　　八大车厢连串挂，三千贵客传佳话。技术超群明智化，真伟大。神州飞跃惊天下！

（2017.12.28）

广州新开通13号线地铁

南海神庙

位于广州黄埔港附近的南海神庙（又称
波罗庙），已有 1 400 多年历史，是海上丝
绸之路的始发地之一，被列为全国重点文物
保护单位。今天我首度前来参观，圆了一个
夙愿。在"浴日亭"中，留有宋代大文豪苏
东坡题写的七律一首，读之令人感慨。我尝
试步其韵和一首，聊作纪念。

南海神庙

黄埔新城不夜天，豪华地铁到前湾。

巍峨神庙逾千载，浩瀚伶仃映万山。

丝路溯源寻傲骨，桑田沧海换娇颜。

神州"带路"新军起，护卫"海丝"盛世间。[①]

注：① "带路"指"一带一路"；"海丝"指海上丝绸之路。

（2018.1.2）

［附］

浴日亭

（在南海庙前）

剑气峥嵘夜插天，瑞光明灭到黄湾。
坐看旸谷浮金晕，遥想钱塘涌雪山。
已觉苍凉苏病骨，更烦沆瀣洗衰颜。
忽惊鸟动行人起，飞上千峰紫翠间。

（苏轼作于 1094 年）

海不扬波牌坊

登火炉山①

长居羊城数十年，从未涉足火炉山。
今日闲寻处女地，新岁乐游情趣添。

遥望顶峰逾千尺，斜坡曲径十八弯。
沿途不见火炉影，唯有绿海树参天。

远离烦嚣红尘地，跃上"白架"林石间。
平凡景观何足道，此处氧吧赛神仙。

火炉山

来时体虚染小恙，"洗肺"归来气宇轩。
莫道妄言吹广告，应信"火炉"有灵丹！

注：

①火炉山乃广州近郊一座森林公园，以环境幽静、空气清新著称。其最高峰"白架顶"海拔321.8米，遍布圆形巨石，多被"利剑"劈开两边，甚为奇特。

(2018.1.19)

水调歌头·广州第一城中村

猎德村

　　广州市天河区有一条古村庄叫猎德村，是全市最早整体规划、拆迁重建的典范，村容村貌发生了翻天覆地的变化，成为珠江新城一颗璀璨的明珠，被人们称为"广州第一城中村"。

　　风景猎德美，南粤第一庄。高楼连片崛起，碧水绕林苍。本是农村宅地，忽变花城玉宇，阵势破天荒。历代农耕苦，今日富八方。

　　精规划，成范例，美名扬。古今妙韵，更有鸟语伴花香。庙宇宗祠祭祀，怀念先贤膜拜，游子望族昌。百姓祈兴旺，千载颂辉煌！

（2018.1.23）

情迷海心沙

　　海心沙原是珠江边上一个名不见经传的小岛，自 2010 年被选作第 16 届亚运会开、闭幕式主会场后，蜚声海内外。它背靠广州"新中轴线"花城广场，隔江与"小蛮腰"（广州塔）相望，地理位置得天独厚，成为"城市新名片"。今年春节期间，这里举办了"广州园林花卉博览会"，艳丽无比的奇花异卉吸引了万千爱美之人……

　　　　　仙羊添锦绣，梦幻海心沙。
　　　　　亚运当年噪，花娇今日夸。
　　　　　广场呈大气，高塔耀奇葩。①
　　　　　客至情皆忘，游人不念家。

注：①"高塔"指广州塔，晚上滚动播出彩色广告，犹如绽开万千奇葩。

（2018.3.3）

海心沙

[北非行] 之一
渔家傲·万里征程

经过整整 20 个小时的飞行和中转候机，终于顺利抵达"北非明珠"——摩洛哥最大城市卡萨布兰卡……

闯荡北非如箭发，中东转站飞卡萨。日夜兼程全不怕。钢骨架，廉颇不老别牵挂！

跨越重洋来度假，风情万种皆神话。一见钟情难作罢。闲来看，"明珠"迈向全球化！

(2018.3.10)

在广州白云机场候机

[北非行] 之二
采桑子·世界最大"步行街"
（两首）

摩洛哥"四大皇城"之一的菲斯市，有1 200年历史，人口120万，是该国第二大城市。它举世闻名，完好地保存了全城古迹与风貌。城内街道狭窄而弯曲，挤满了各种商店，汽车不准进入，如织的游客只能步行，故有"世界最大步行街"之称。它已被列入"世界文化遗产名录"。

人头涌涌的"步行街"

其 一

大千世界潮流变，越是"穷孩"，越受青睐，亿万游人涌进来。 横街窄巷商家闹，旧日情怀，古老招牌，穿越时空望眼呆。

其 二

世人审美难猜透，古代情怀，更胜将来，打造菲斯靠老牌。 开心购物无暇想，虽是公开，真价难猜，满载而归叹破财！

当地大型市集一瞥

(2018.3.14)

[北非行] 之三

忆江南 · 蓝白小镇

位于地中海岬角的突尼斯"蓝白小镇",房子格调与爱琴海的圣托里尼岛颇相似,都是白墙、蓝窗,高低错落,韵味十足,吸引了世界各地很多艺术家前来,故又有"艺术家天堂"之称。

春光好,初访突尼斯。蓝白平房成特色,引来艺圣聚瑶池。谁不被它迷?

(2018.3.15)

地中海之滨的蓝白小镇一景

[北非行] 之四

闯进撒哈拉

在茫茫旷野中，我们乘坐四驱越野车在撒哈拉沙漠和杰瑞德盐湖 "撒野"，体验 "沙海冲浪" 和《星球大战》的刺激（此地是该片拍摄现场），同时见识了百万年前大海及盐滩的遗迹，还隐约看到了海市蜃楼。

大漠无边漫灌沙，神工鬼斧撒哈拉。

《星球大战》留残影，海市蜃楼望眼花。

万里盐湖如镜面，千年宝藏贵金娃。

平生向往新奇事，到了北非不念家！

（2018.3.17）

《星球大战》曾在撒哈拉沙漠取景

橄榄树

椰枣树

柑橘树

[北非行] 之五

卜算子 · "平凡树"礼赞

在摩洛哥和突尼斯，常见三种很普通的树：橄榄、椰枣和柑橘。它们虽然很平凡，但谱写了一首首赞歌。

橄榄树

原野绿遮天，橄榄翻波浪。满树婆娑果坠枝，憧憬新希望。
索取不追求，橄榄油呈上。待到香飘大地时，举世赞歌唱！

椰枣树

巨伞柱擎天，枝叶遮炎暑。旷野贫瘠照样生，根扎沙中土。
串果特香甜，百姓凭其富。枣树终身献世人，自己何曾顾！

柑橘树

金蛋挂枝头，列队街头壮。何故柑林种路边，诱惑人贪望？
其实为风情，橘果供人赏。美化城乡立大功，人赞新时尚！

(2018.3.18)

[尼泊尔之旅] 之一

探秘尼泊尔

几番梦寻尼泊尔，阳错阴差误荐机。

探秘无期心未息，猎奇有幸愿达时。

求神拜佛虔诚心，立地修身布妙棋。

钟鼓梵音明慧眼，人间鬼魅不能迷。

（2018.4.26）

尼泊尔著名的杜巴尔广场

[尼泊尔之旅] 之二
一剪梅·仰望珠峰

位于尼泊尔首都加德满都以北40公里的加纳阔特山，素有"喜马拉雅山观景台"之称（海拔2 000米）。

云雾缭绕处，珠峰偶露容

一路西行驾御风，万里追踪，仰望珠峰①。

虔诚膜拜在心中。大雾迷蒙，圣境潜空。

"喜马"② 迎来浪漫翁，遥想苍穹，气贯长虹。

襟怀坦荡与君同。岁月峥嵘，志比青松。

注：

① "珠峰"指珠穆朗玛峰。

② "喜马"指喜马拉雅山。

（2018.4.30）

[海南游] 之一

临江仙 · 博鳌怀旧

近日，相约几位老战友到海南旅游，重访 56 年前当兵时战斗和生活过的地方，回想"五指山上剿匪特，万泉河畔唱英雄"的情景，万分感慨，心潮澎湃！特填词一首，直抒胸臆。

浩浩万泉东入海，浪花齐颂英雄。今临博鳌续游踪，风光犹胜昔，更喜夕阳红。

"白发兵团" ^① 常聚首，军歌激荡雄风。多时阔别喜相逢，重温军旅梦，上阵再冲锋。

注：

① "白发兵团"指白发苍苍的退伍老兵。

(2018.5.14)

万泉河出海口之玉带滩

[海南游] 之二

鬼斧神工玉带滩

    万泉河口有个沙洲叫玉带滩，把河水与海水分隔。此"海水不犯河水"之奇观，被载入世界吉尼斯大全。

人间奇迹变谜团，

鬼斧神工玉带滩。

合并三江沙聚岛，

分离南海浪滔天。

神奇玉带惊环宇，

绝妙论坛扩眼宽。

莫道分歧无共识，

清流汇后尽腾欢。

（2018.5.16）

玉带滩外浩瀚的南海

[*海南游*] 之三

东山再起待何时

——重登东山岭有感

人生转瞬古来稀，

风雨兼程未了期。

琼岛万宁登峻岭，

缆车百丈上庙祠。

当年气盛爬坡快，

今日神闲越嶂迟。

墨宝诲人增斗志，①

东山再起待何时？

东山岭牌坊

注：

①素有"海南第一山"之称的万宁东山岭，有很多景点留下了古今名流的题词及石刻，对后人启发良多。

（2018.5.16）

[海南游] 之四

天涯海角感怀

置身天涯海角，
尽享快乐逍遥。
仰望海阔天空，
愁绪烦扰顿消。
南天一柱傲立，
古稀更显风骚。
流连白沙碧水，
当防漩涡暗礁。

（2018.5.18）

天涯海角景区留影

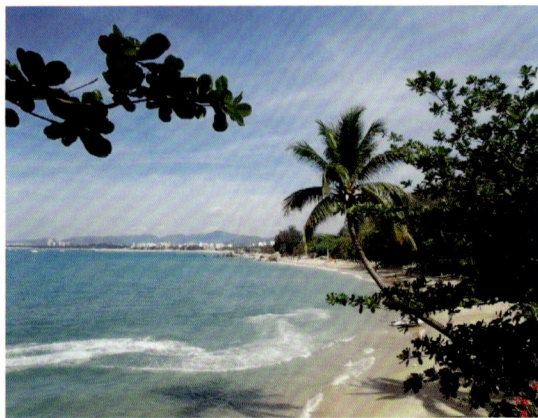
天涯海角风光

[海南游] 之五
谒东坡书院①

文人仰仗苏东坡，

行伍兵哥共唱和。

一代文宗昭日月，

千年书院历蹉跎。

儋州谪贬栽桃李，

琼岛增辉动地歌。

莫道文官多憾事，

虔诚膜拜又如何？

东坡书院留影

注：

①东坡书院位于儋州市郊。

（2018.5.18）

苏东坡雕像

广州最靓地铁站

轨道交通众人夸，四号地铁通南沙。

客运码头是终点，站场宽阔美如花。

邮轮母港近咫尺，陆海接连四通达。

海洋风情扑面来，炫目多彩梦幻家。

厅堂大气望穿眼，长廊通畅可赛马。

配套齐全客称便，犹进公园赏奇葩！

（2018.6.26）

与战友潘英棠（左）、翟沛森（右）在广州南沙地铁站站厅内留影

[伊朗行诗抄] 之一

伊朗行

中东局势乱，"冒险"伊朗行。

华夏开丝路，波斯忆故情。

笑谈伊美怼，乐看海湾宁。

老骥闯天下，何曾不太平？

(2018.8.10)

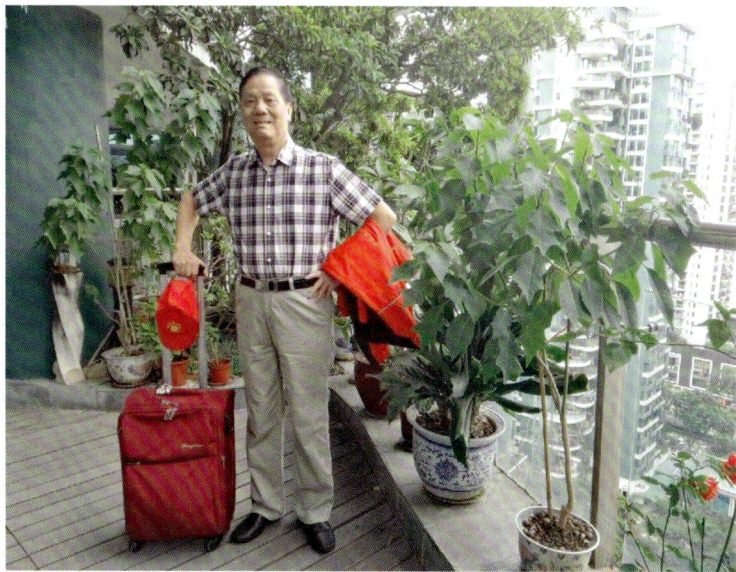

离家赴伊朗

[伊朗行诗抄] 之二
西江月·导游团

　　乘坐伊朗马汉航空甫抵德黑兰，不禁让人惊喜：波斯导游王菲菲带着丈夫、妹妹，以及妹妹的闺蜜一起来接机。之后，这个"豪华导游团"一直陪伴我们，服务尽善尽美，关怀备至，直到旅游全程结束，这使我们非常感动。

　　伊朗旅游艳遇，波斯美女奢华。导游粉黛貌如花。四大明星出马。
　　团友百般呵护，保安千里巡查。引来外界妒芳华。分手依依牵挂。

(2018.8.12)

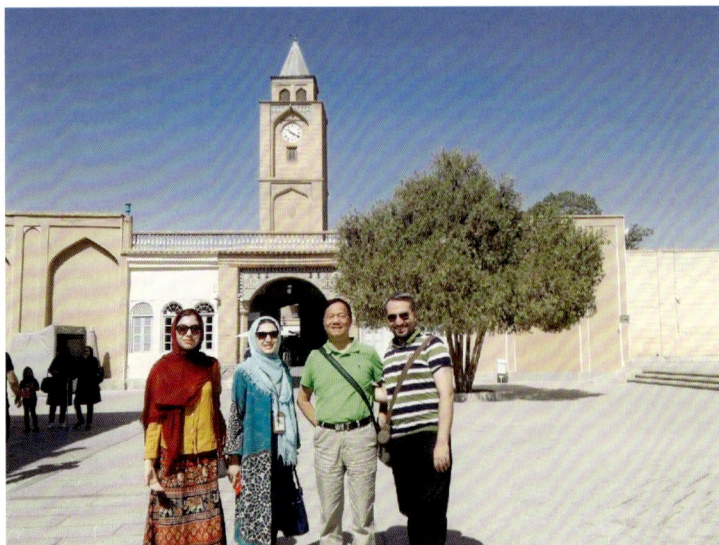
伊朗女导游一家为我们提供导游服务

[伊朗行诗抄] 之三
拜谒"诗仙"哈菲兹

　　哈菲兹（1320—1390）是伊朗文学史上著名的"四大诗人"之一，被誉为"美丽抒情诗大师"，深受世界各地读者崇敬。中国人则称他为"伊朗的李白"。在伊朗，他诗集的崇高地位仅次于《古兰经》，为每个家庭必备。

常言愤怒出诗人，
谁见伊朗"李白"君？
诗意抒情词浪漫，
思泉喷涌酒传神。①
人间大爱驱邪恶，
地狱阴森绝乱伦。
游子陵前温旧诲，
迎来盛世慰诗魂。

"伊朗诗仙"哈菲兹故乡设拉子的一个庄园

注：

　　①在哈菲兹的墓碑上刻着墓志铭，其中有一经典名句："拿酒来，酒染我的长袍。我因爱而醉，人却称我为智者……"

（2018.8.14）

[南澳游踪] 之一
初游南澳岛

南澳风光

粤闽咽喉南澳岛，

魂牵半世梦寂寥。

今朝有幸圆新愿，

他处无闲听旧涛。

"宋井"神奇传永久，

"兵府"奥秘忆民谣。

浩瀚天堑桥飞架，

拥抱晨晖送晚潮！

注：

南澳有两处闻名遐迩的古迹"宋井"和"总兵府"，留下许多传奇故事。而被誉为"新名胜"的南澳大桥，自 2015 年元旦建成通车之后，"天堑变通途"。该桥全长逾 11 公里，非常宏伟壮观，为广东最长的一座跨海大桥。

（2018.10.7）

[南澳游踪] 之二

调笑令·宋井

（两首）

传说南宋皇帝被元兵追逼，逃到南澳岛时，为解决官兵和马匹饮水问题，开掘了三口井，至今已有 700 多年历史。由于环境变迁，现仅存一口，其余已被泥沙埋没。而仅存的这口井也是时隐时现，只有潮退时才"露真容"。奇怪的是，退潮后井水始终保持清澈甘甜，没有咸味，成为"古传奇"。

其 一

宋井，宋井，潮涨便无踪影。
潮流水退现形，古井甘泉净明。
明净，明净，奇迹千年传颂。

其 二

神井，神井，史迹永恒彪炳。
高端打造扬名，笑纳八方盛情。
情盛，情盛，多少游人朝圣。

（2018.10.8）

宋井

南乡子·赞潮州

何以赞潮州？古邑风情世代留。唐颂开元神圣寺，悠悠，千载韩祠广济楼。

江上舟连舟，湘子桥中立铁牛。勤奋潮魂传永久，加油！茶道功夫冠全球！

潮州韩文公祠

注：潮州是一座历史悠久的古城，又是全国著名侨乡。它拥有众多名胜古迹，包括唐宋元明清各个朝代，文物古迹数不胜数。其中开元寺、韩文公祠、湘子桥、广济楼、牌坊街、甲第巷等，闻名遐迩。而潮州瓷器、潮州美食、潮州功夫茶、潮剧、潮绣等独特传统文化与艺术，如今也得到弘扬和发展。潮州多彩的风情和美丽的风光，令人印象深刻，流连忘返。

（2018.10.9）

[广西游] 之一
德天大瀑布

中越毗邻山水连，洪荒旷野漫德天。

层叠峭壁流飞瀑，浩荡深潭聚碧泉。

跨国界河游竹筏，沿江百姓觅姻缘。

天然美景万人宠，大震名声更胜前。

（2018.10.14）

德天大瀑布

[广西游] 之二

天净沙·巴马

（两首）

在世界五大长寿乡之一的广西巴马探索养生之奥秘，参观了嘉庆和光绪两位皇帝先后题写、赠予两位逾百岁老寿星的匾牌，感悟殊深。（嘉庆题"烟霞养性，道德传心"；光绪题"惟仁者寿"）

被誉为"长寿隧道"的巴马百魔洞

其 一

青山绿水繁花，

永磁琼液糍巴，

富氧长生进化。

盛名天下，

旅游人乐喧哗。

其 二

爷爷奶奶亲妈，

瑶苗壮汉良家，

百岁追星玩耍。

帝皇尊大，

赐金牌耀中华。

（2018.10.26）

不走回头路

中山温泉宾馆是我国第一家中外合资五星旅游度假酒店，20 世纪 80 年代初建成开业，被誉为"改革开放活化石"。它曾接待过不少国家领导人和外国政要。1984 年 1 月邓小平视察广东时曾下榻于此，并登上其背后的罗三妹山，留下了一句寓意深刻的名言："不走回头路"，表达坚持改革开放的决心和信心，给国人吃了一颗"定心丸"。

斗转星移卅四秋，
今朝旧地又重游。
小平足迹眼明辨，
游子丹心血净稠。
改革欣闻"活化石"，
开放喜见"不回头"。
温泉水暖除污秽，
抖擞精神再上楼！

(2018.11.11)

中山温泉宾馆景区树立的大石头上刻有小平同志的题词

[北美洲之旅诗抄] 之一
上帝打翻调色盘①

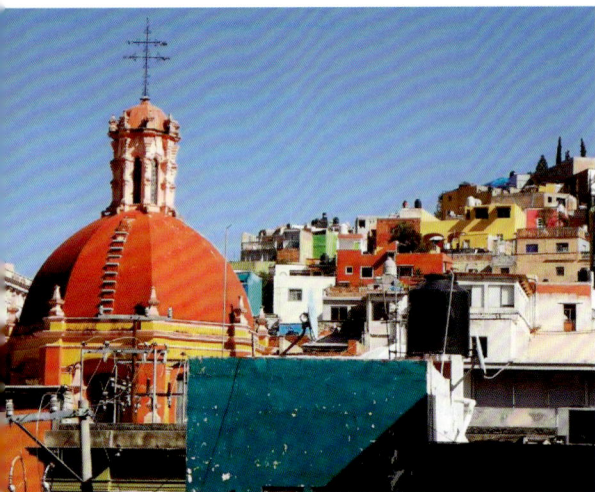
墨西哥古城瓜纳华托，全城的建筑物色彩斑斓

瓜纳华托古城关，
世遗明珠撒山巅。
楼宇星罗五彩色，
层层叠叠映蓝天。

浓墨重彩如油画，
立体丹青冠大千。
若问因何有此景？
上帝打翻调色盘！

注：

①墨西哥古城瓜纳华托只有七万多人，但名气很大，早在1988年其老城区和周边的矿区就被联合国教科文组织评为世界遗产，吸引了全世界的游客来观光。其最具特色之处是所有建筑都色彩斑斓，非常漂亮，被称为"上帝打翻了调色盘"。

(2018.11.22)

[北美洲之旅诗抄] 之二
忆江南·加勒比海之滨

坎昆好，风景胜仙庭。

墨国明珠依大海，晨风朝露润心灵。

能不羡幽情。

（2018.11.25）

与老朋友徐锦全（左）、梁计照（右）合影于墨西哥度假胜地坎昆海滨

美国著名作家海明威在古巴的旧居

[北美洲之旅诗抄] 之三

谒拜海明威

万里寻君众望归，

哈城谒拜海明威。

《老人与海》英魂在，

"瞭望山庄"翰墨辉。

战地文豪凝铁骨，

人间风月缔花魁。

休随俗世平庸老，

立志超群奋力追！

（2018.11.27）

[北美洲之旅诗抄] 之四

火山温泉①

侧卧石崖头顶天，

倾盆瀑布泻身边。

珠凝五脏泉康体，

六腑舒通赛神仙。

注：

①哥斯达黎加是世界上活火山最多和最活跃的地区之一，有不少富含保健功能的火山温泉，其中以阿雷纳火山附近的塔巴康温泉最负盛名。

(2018.12.1)

火山温泉一景

[北美洲之旅诗抄] 之五

幸福国度

哥斯达黎加，
拉美一明珠。
世人好偏爱，
崇拜山水殊。
资源数不尽，
沃土生万物。
社会久祥和，
全民皆致富。

媲美瑞士景，
原野绘彩图。
国家无军队，
列强不欺负。
军费省开支，
财力助凡夫。
民众心满足，
幸福高指数。

我今首光临，
大饱了眼福。
未料此小国，
民众如此富。
游子感慨深，
心中热乎乎。
纷纷表敬意，
赞歌洒归途！

小镇居民歌舞迎宾

（2018.12.2）

[卡塔尔诗抄] 之一
走向多哈

刚从南美品雪茄，①

又赴中东戏狂沙。

送狗迎猪君行早，②

加油充电晤多哈。

波斯风云多变幻，

半岛奥秘待解答。

我今情倾卡塔尔，

他朝足迹遍天涯。

注：

①上月刚从古巴等国旅游回来，雪茄之味犹可闻。

②即将送别农历狗年，迎接猪年，故称"送狗迎猪"。

(2019.1.5)

多哈风光

多哈风光

[卡塔尔诗抄] 之二
多哈神韵

波斯湾畔耸高厦，碧水蓝天映百花。

大漠新城无旧貌，古街老巷尽奢华。

欣闻小国脱贫困，喜见金驼载大伽。

亿万粉丝均爱慕，多哈神韵梦中夸！

(2019.1.8)

波斯湾畔多哈城

[马尔代夫诗抄] 之一
天涯度元宵

浪漫人生何处找？心仪马代度元宵。

此时海上生明月，彼岸天涯涌彩潮。

遥念羊城亲友聚，近临仙境客逍遥。

游踪恰似云追月，美景迷人乐九霄。

（2019.2.19 元宵夜）

马尔代夫一景

243

[马尔代夫诗抄] 之二
戏说马累

马尔代夫的首都叫马累，面积仅 1.5 平方公里，人口只有 15 万。从我们下榻的圆月岛前往首都，乘快艇半小时即可到达，走马观花不用一个小时即可逛完。

袖珍首都数马累，
徒步观光人不累。
环绕全市一小时，
稀里糊涂回原位。

横街窄巷店铺多，
马路铺砖"湿湿碎"①。
机场建在邻近岛，
往来各地船排队。

与战友翟沛森游览马尔代夫首都马累

码头鱼市名声远，　　市容市貌很土气，

海鲜摆摊价不贵。　　偶有高楼作点缀。

洋货土产同上架，　　麻雀虽小五脏全，

商贩吆喝声声脆。　　机关集中背靠背。

全民信奉伊斯兰，　　马代③风光的确美，

夜市欢场无人醉。②　　尤感新颖是马累。

都说男人娶四妻，　　如此首都世上稀，

眼见多是成双对。　　游人无不碎心扉。

注：

①"湿湿碎"，粤语，意指小。

②伊斯兰教禁酒。

③"马代"指马尔代夫。

(2019.2.20)

马尔代夫出产的彩色鱼

[马尔代夫诗抄] 之三

水调歌头·游马尔代夫

马尔代夫美，大海造天堂。印度洋上珠贝，赤道好风光。回想辛劳半世，从未奢侈破费，今日破天荒。弥补往时缺，撒野又何妨？

登仙岛，居水屋，叹风凉。白沙碧水，拾贝潜泳戏鱼航。海月星空畅想，任性逍遥豪放，此刻最辉煌。更赞留佳影，浪漫诵诗章。

(2019.2.21)

从"水屋"下去即可畅游大海

[老挝游] 之一
僧侣化缘

晨钟敲响寺中忙，
僧侣修行大阵场。
赤脚化缘长队列，
诚心布施献贻粮。
袈裟尘净银钵满，
梵曲萦迴金鼓扬。
回看空门清袖弱，
佛光普照自盈强。

僧侣化缘

注：

老挝琅勃拉邦是著名佛教圣地，氛围甚
浓，每天早晨6时，全城僧侣齐齐出动，走
上街头化缘。善信们将准备好的各种食物和
用品，虔诚地布施给前来化缘的僧侣们，场
面庄重而肃穆。这一佛事仪式已成为当地一
项传统活动以及旅游观光的常规项目。

(2019.3.19)

[老挝游] 之二

蝶恋花 · 老挝不老

莫道老挝真姓老，旖旎风光，热带山河俏。旷野田园天打造，肃穆古都遗产耀。

域外风波民不扰，佛国皈潮，举目皆神庙。世外桃源哪里找？寮人无虑祈温饱。

注：

老挝原名寮国，乃佛教之邦。旧都琅勃拉邦荣膺世界文化与自然"双遗产"称号。当地人过惯了慢生活，优哉游哉，不受外界喧嚣烦扰。

（2019.3.20）

老挝首都万象的"城市名片"——凯旋门景区

顺德人家办婚宴

劳府今日办婚宴，

"顺峰山庄"开百筵。

金碧辉煌丝弦乐，

鲍参翅肚敬乡贤。

感慨人生昔日苦，

更觉今朝分外甜。

喜庆筵席常参与，

如此奢华何曾见？

(2019.3.23)

在顺德人家婚宴上

在牧民家中品尝蒙古美食

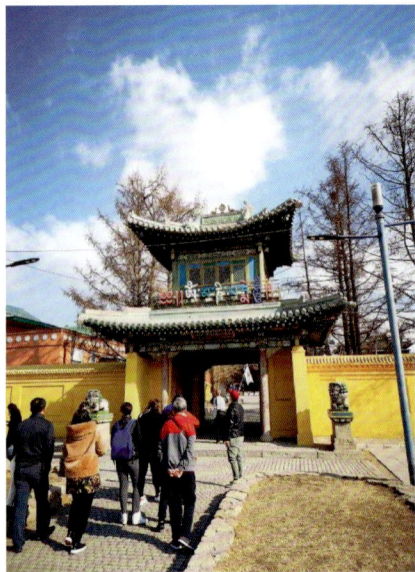

盛名远播的乌兰巴托甘丹寺

[蒙古之旅诗抄] 之一

探秘蒙古国

有个国家叫蒙古，
众人闻之都鼓舞。
邻邦犹似天涯远，
信息闭塞如墙堵。

世界论坛不闻声，
国际舞台不见舞。
神秘疑云罩大漠，
幻影缥缈有或无？

欣闻旅游辟蹊径，
国门初开现秘图。
侠客钟情"吃螃蟹"①，
好奇探秘上征途。

周游世界添新景，
"乌兰"②不再成孤都。
诸君欲听好故事，
且看秀才写新书。

注：①旅游团最近开发蒙古国旅游新路线，我们首团出发，故称"吃螃蟹"。
　　②"乌兰"指首都乌兰巴托。

(2019.4.12)

[蒙古之旅诗抄] 之二
体验蒙古包

天骄旅游乐，体验蒙古包。
室外寒风冽，屋堂柴火烧。

"大汗"盛装秀，弯弓射大雕。
奶茶酥味纯，羊排石头烤。

子夜观星斗，童心跃云霄。
策马迎朝阳，草原竞风骚！

(2019.4.13)

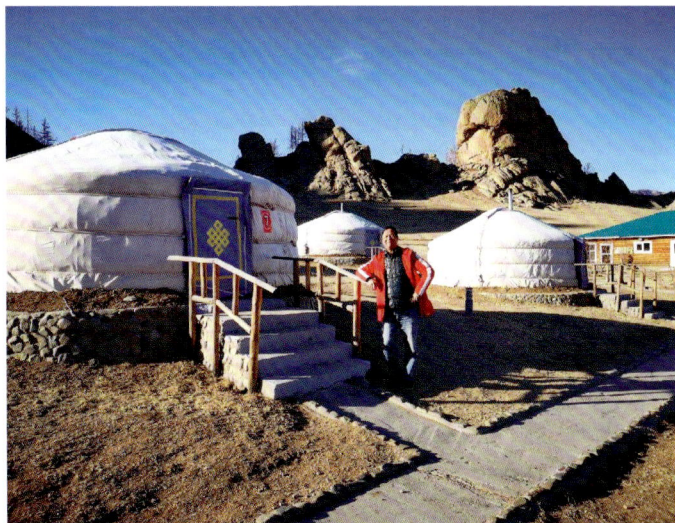

蒙古包

[蒙古之旅诗抄] 之三

旷世神坛

2006 年，蒙古国在距乌兰巴托约 100 公里的荒原上，建造起一座巨大的成吉思汗雕像，高近 40 米，由 250 吨纯钢铸造而成，是该国热门旅游景点之一。

蒙古最大神坛，
莫过成吉思汗。
十层楼高雕像，
矗立莽原山巅。

大汗策马持鞭，
傲视旷野平川。
万人虔诚膜拜，
一代天骄威严。

游人鱼贯登顶，
个个气宇豪轩。
从中吸取力量，
顶天立地志坚。

旅游文章新创，
人人乐于尝鲜。
到此大开眼界，
正气震撼心田。

巍然屹立的成吉思汗雕像

(2019.4.16)

城市"积木"
——广州珠江之畔即景

幢幢琼楼江岸竖，

层层"积木"似连珠。

吊机昂首挥长臂，

构件云间砌美庐。

不见蛛人攀脚架，

却闻大厦誉魔都。

珠江水净留彤影，

广府新桃换旧符！

(2019.5.21)

从广州临江大道 一侧观赏对岸风光

[东欧之旅诗抄] 之一

走向乌克兰

在东欧形势日趋紧张之际，我们义无反顾地前往乌克兰、白俄罗斯及"波罗的海三国"（立陶宛、拉脱维亚、爱沙尼亚）联游。今晚乘坐土耳其航班从广州飞往目的地，开启为期18天的旅程……

乌克兰战争博物馆广场上的英雄雕塑

波罗的海浪涛翻，

对峙邻邦箭上弦。

战火燎原胆不怯，

腥风扑面志弥坚。

一心探秘东欧去，

驯马难追勇士还。

笃信此行载史册，

悠然上路写新篇！

(2019.6.13)

[东欧之旅诗抄] 之二
南乡子·神奇沙洲岛

立陶宛唯一海港城市克莱佩达，有个离岛叫"库洛尼亚"，是由海浪冲积而成的沙洲，长条形"浮"在波罗的海上，延绵98公里。岛上风光秀丽，树木葱茏，空气清新，堪称人间仙境。更引人关注的是，沙洲分属两国管辖，北边是立陶宛，南边是俄罗斯。独特的自然地理环境、鬼斧神工的风貌，使之成为举世闻名的旅游胜地。

波浪造沙洲，美丽风光旷世留。千古神奇天造就。悠悠。涤荡人间多少愁。

分据南北头，虎踞龙盘鬼也忧。唯愿强权重握手。祈求。冰释前嫌兴旅游。

(2019.6.19)

岛上森林遍布艺术家用当地原木雕刻的雕像

[东欧之旅诗抄] 之三

念奴娇·不屈的十字架山

在立陶宛北部一个叫希奥利艾的小镇郊外，有一座小小的山丘，堆积了数以百万的十字架，成为一个独特的景观。十字架大多是当地人送来安放的。据说从 1831 年开始，至今已 188 年，仅半米高以上的十字祭就逾 30 万个之多。

究其渊源，据说是当年立陶宛人民反抗俄国压迫的"产物"。在反俄战争中，立陶宛牺牲了不少人，但亲属们连亲人的骸骨都找不到，于是带来十字架作纪念，日积月累，遂成十字架山。1993 年 9 月 7 日，天主教教宗皇保禄二世莅临访问，送来了"耶稣受难"雕像，并留下亲笔题词。

堆积如山的十字架

弹丸小国，受欺负，战死兵民千万。骸骨无存何悼念，唯立十字架奠。超度英灵，祈求转世，百姓平生愿。教皇察访，唤来多少良善。

难忘凌霸横行，荡平朝圣地，旧仇新怨。风雨飘摇，苏厦倾，十字架山无恙。渴望和平，诸仇应忘却，放眼前看。友谊珍贵，笑迎天下霾散。

(2019.6.20)

[东欧之旅诗抄] 之四
初访乌克兰

东欧之旅北到南，

最后一站乌克兰。

远观基辅眼前亮，

细想是非判断难。

欧洲粮仓存美誉，

苏俄重工武不凡。

辉煌建筑耸天立，

为何失色日渐残？

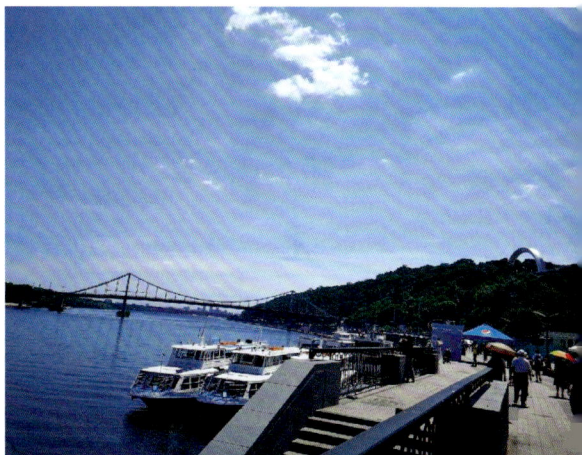

乌克兰首都基辅的母亲河——第聂伯河风光

尤怜百姓承重负，

薪酬微薄度时艰。

举棋不定人心乱，

不知何处是靠山？

但愿权贵恤民苦，

谨慎选边莫寻烦。

远离霸道图奋发，

重振雄风创新天！

(2019.6.26)

[东欧之旅诗抄] 之五

腐败公馆

　　在乌克兰首都基辅郊区，有一座乌克兰前总统亚努科维奇的私人别墅，奢侈之极令人震惊！这位被人们称为"腐败典型"的前总统，在 2014 年被赶下台之后，仓皇逃到外国去了。如今其奢华行宫被当作反面教材，开放给国内外游客参观。

腐败公馆

往时多逛帝王殿，总统行宫却少见。
如今初访乌克兰，惊呼豪门胜神仙。

权贵常称民之子，搜刮民膏谁看见？
极尽奢华扮清苦，独裁统治手遮天！

一朝败露遭唾弃，仓皇出逃傍靠山。
天理难容大罪人，狼狈庇护过三关。

反面教材含深意，揭穿虚伪露真颜。
反腐倡廉净天下，唤回春色满人间！

（2019.6.28）

[东欧之旅诗抄] 之六
参观核弹基地

万里神游乌克兰，
核武基地众人观。
昔日霸主携弹去，
空留秘境当公园。

巨型"撒旦"皆惊叹，①
威力足以灭人寰。
扩军备战违民意，
祈望和平建家园！

巨无霸"撒旦"核导弹

注：

①位于乌克兰乌曼地区的苏联部署的核弹发射基地，现已撤离，作为博物馆对外开放，其中有一枚巨无霸"撒旦"核导弹。

(2019.6.28)

[东欧之旅诗抄] 之七
江城子·坑道博物馆

乌克兰南部战略重镇敖德萨，历来为兵家必争之地。近郊有一条"地下长廊"，总长2 500公里，前后开凿了200年。"二战"时期，其作为军民栖身之所及作战指挥部，功不可没，如今成为独具特色的"坑道博物馆"。

无声地下筑长廊，石坯墙，固金汤。绝密空间，军民洞中藏。为抗德寇甘卧虎，神出没，灭豺狼。

当年二战未张扬，历沧桑，又何妨？震撼人心，博物大排场。游客如潮观古董，生欲望，恸肝肠！

(2019.7.2)

"二战"时苏军地下作战指挥部

[重游陕西] 之一
谒黄帝陵

黄帝陵中松柏翠,

人文初祖壁生辉。

寻根忽作芳华梦,

遍植青松树帝碑!

注:

黄帝陵中有一棵古柏,传说是黄帝亲手种植,树龄达 5 000 年。

(2019.7.20)

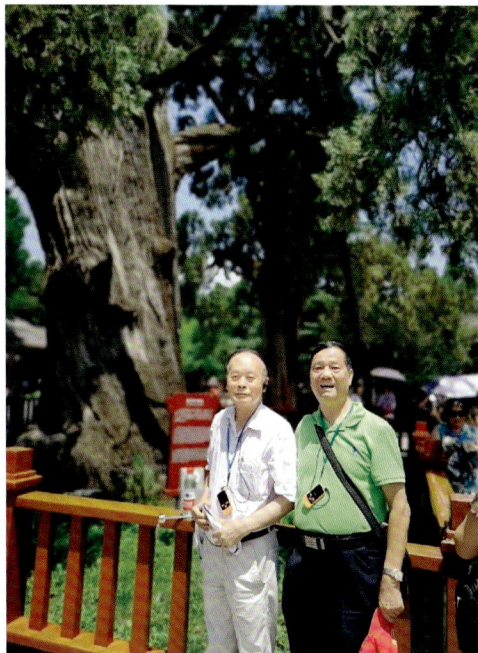

据传这是黄帝亲手种植的古柏

[重游陕西] 之二
壶口瀑布

黄河之水九天来，

壶口激流落堑台。

昔日洪灾民怨恨，

如今壮景客开怀。

延安圣地人增福，

华夏亲娘地耀辉。

浩荡狂潮东汇海，

神州鸿运水生财！

(2019.7.20)

与友人在壶口瀑布

[重游陕西] 之三
世界第八大奇迹

世界奇迹有七个，昔日周游都看过。

今朝重访西安城，目睹奇迹第八个。

秦皇地下布兵阵，万千陶俑列金戈。

声势浩大世无双，雕艺绝伦奥秘多。

瑰宝埋藏两千年，重见天日登新科。

观者惊叹开眼界，游侠激情唱赞歌！

(2019.7.22)

兵马俑

[重游陕西] 之四

西安巨变

小别西安才六年，古城巨变动心弦。

巍峨雁塔添新彩，叱咤秦兵赋武篇。

盛世大唐歌舞汇，帝都钟鼓乐流连。

沧桑远去今繁茂，万众欢娱闹翻天！

（2019.7.23）

西安大雁塔

重游白水寨

仙姑飘玉带，①

飞瀑外天来。

牵手跨云道，

抬眸越栈台。

钟情随王者，

裕满涤尘埃。②

水碧清如许，

心宁自畅怀。

与增城老乡钟叔爱（中）、王伟共（左一）游白水寨

注：

①民间传说"八仙"中的何仙姑，故乡就在增城。白水寨瀑布的形状恰如仙女的飘带，故有此形容。

②今天与两位增城老乡结伴重游白水寨，乘兴赋五律一首。诗中特意嵌入三人名字，即钟叔爱、王伟共、黄每裕，聊添一些情趣也。

（2019.7.30）

[中亚旅游诗抄] 之一
李白 "故里" 遐思

中亚五国游，第一站来到吉尔吉斯斯坦，听说有个著名景点——唐朝诗人李白的故里，是真是假，令人猜疑……

联合国竖立的"世遗"标牌

盛唐李太白，诗仙千古闻。
谁言君血脉，竟是中亚人？

太白生性倔，蜀地喜深根。
诗仙神州醉，豪言入青云。

名人多"故里"，史料难辨真。
中吉渊源远，世代结悌亲。

天才无国界，同住地球村。
天下仰诗圣，还是龙出身！

碎叶城李白故里考古现场

(2019.9.19)

[中亚旅游诗抄] 之二

浪淘沙·中亚明珠

　　吉尔吉斯斯坦有个伊塞克湖，乃是世界上最大、最深的高山内陆湖之一，景色十分壮丽，被誉为"中亚明珠"。当地居民至今仍过着游牧生活，宛如世外桃源。传说当年成吉思汗攻破花剌子模时，夺取了大批金银珠宝，就埋藏于此湖底，吸引了全世界众多游客前来"探秘寻宝"。

乘船游览伊塞克湖

　　世外有桃源，远在天边，高湖水碧岸花缘。放牧游民衣丽艳，歌舞翩跹。

　　湖畔话当年，大汗挥鞭。掠来珠宝埋深渊。引诱世人寻宝乐，争做神仙。

(2019.9.20)

伊塞克湖景色

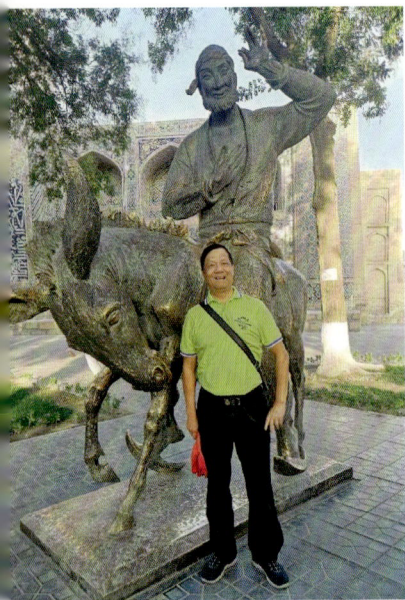

与阿凡提雕塑合照留念

[中亚旅游诗抄] 之三
又见阿凡提

    今天来到乌兹别克斯坦的布哈拉，有一种说法认为阿凡提的故乡在这里。我们慕名参观了他骑毛驴的雕像，并重温了他的感人故事，不禁陷入沉思。

乌兹别克觅神奇，

智慧化身阿凡提。

布哈拉城竖偶像，

感人故事诉淋漓。

扬善惩恶辨爱憎，

无分贫富位高低。

名人效应争虚荣，

真正故里竟成谜！

（2019.9.26）

[中亚旅游诗抄] 之四
水调歌头·吐槽"盛宴"

　　此次旅游，"团餐"尚属满意，只是口味不合，且中餐少，西餐多，烧烤、煎炸肉类超量，往往吃剩过半，浪费严重，甚为可惜。

一人一份西餐，羊肉串有半米长

　　豪宴列长阵，浑噩吃西餐。不知碟上何肉，闻之就心烦。本欲时鲜享受，却又胃肠抵制，油腻死命咸①。举箸已顾虑，强咽皱眉间。

　　烤羊排，烧牛肉，煎鱼干。不应浪费，无奈难啃剩宴残。老广诙谐调侃，畅想拉菲佳酿，何日啖河鲜？打马回朝后，欢聚荔枝湾②！

　　注：①"死命咸"，粤语，指非常咸。
　　　　②"荔枝湾"乃广州特色粤菜荟萃之地。

（2019.9.27）

在餐厅碰到两位可爱的小朋友

夜色中的"地狱之门"

走近"地狱之门"

黄昏观"地狱之门"

[中亚旅游诗抄] 之五

"地狱之门"

1971 年，苏联地质专家在土库曼斯坦一边远村庄进行钻探作业时，发生意外事故，设备基座突然塌陷，出现了一个直径六七十米、深 25 米的大坑，并有气体逸出。为防止污染，专家们把气体点燃，企图尽快把它烧掉，谁知熊熊烈火一烧就是 48 年，至今未熄灭。当地人称此为"地狱之门"。意料不到的是，如今这里竟成为一个著名景点，吸引了全世界游人慕名前来探奇和观光。"地狱之门"于是变成了"聚宝盆"。

明知坑有火，偏向火坑行。

圣火经年旺，神灯日夜明。

"天堂"招客易，"地狱"赚钱灵。

燃气如烧币，迎来旅业兴！

(2019.9.29)

[中亚旅游诗抄] 之六

菩萨蛮·汗血宝马

在土库曼斯坦，我有幸来到养马场参观了该国的"国宝"——汗血宝马，与之亲密接触，拍照留念，观看其舞步表演及驰骋沙场的雄姿，真乃人生一幸事。

久闻汗血飞天马，流传多少神奇话。今幸见真颜，匠心伴梦甜。

神驹无价宝，辅佑前程好。妆罢更风骚，友谊天使骄！

注：

汗血宝马谓之"阿哈尔捷金马"，全世界仅有 5 000 多匹，土库曼斯坦独占 4 000 匹。此马曾作为珍贵礼物赠予他国，堪称友谊使者。土库曼斯坦曾三次赠予我国此宝马。

(2019.10.6)

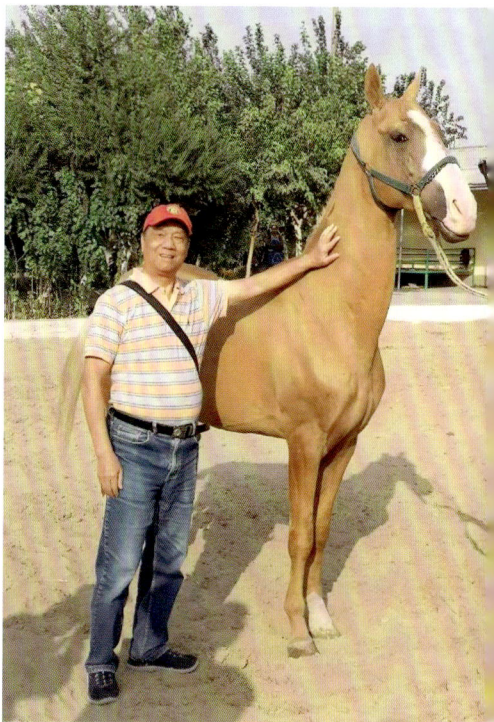

与汗血宝马合影

汗血宝马雄姿

哈萨克斯坦民族歌舞

中亚风光

[中亚旅游诗抄] 之七

中亚换新天

小国贫穷历经年，

一朝脱颖换新天。

当家奋发乾坤改，

作主图强志气添。

丝路雄关通动脉，

桥头堡固立标杆。

欣闻"斯坦"莺歌舞，

世外桃源好种田。

（2019.10.7）

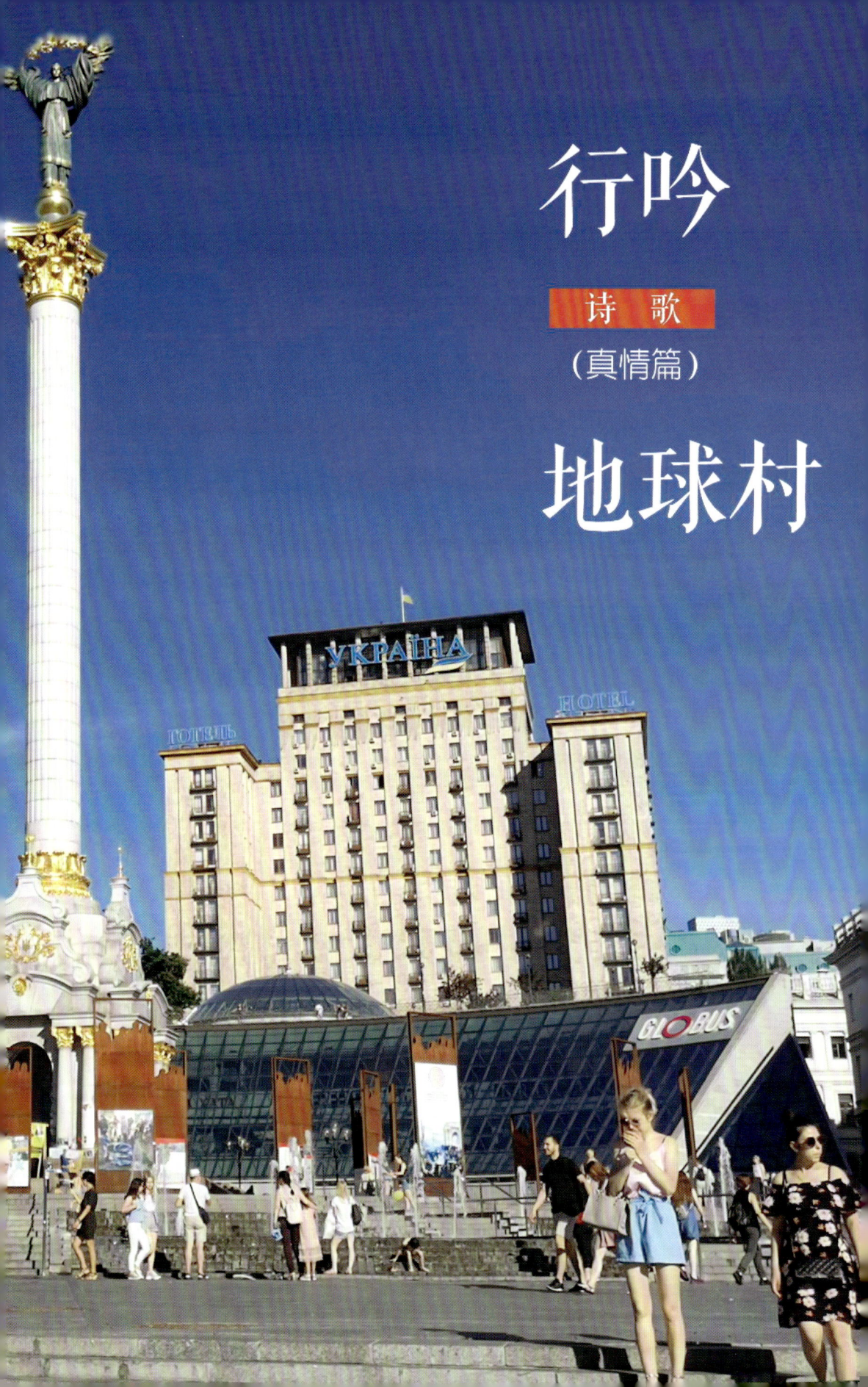

行吟

诗 歌

（真情篇）

地球村

重登旋转餐厅

旋转高阁设餐厅，
曾几何时挺盛行。
"爱群"① 率先 "吃螃蟹"，
羊城业界享盛名。

改革开放刚起步，
百姓荷包尚 "透明"。
趋前笑问侍应女：
不设 "最低" 能不能？

小姐愕然露愠色，
讥讽 "土包" 不留情。
发誓从此不光顾，
痛批 "爱群" 浪虚名！

斗转星移三十载，
今日再把酒楼登。
挚友宴客真豪气，
任性刷卡不找零。

"最低消费" 去无踪，

小姐迎宾笑盈盈。

土豪草根皆上帝，

神仙感受大家庭。

餐厅恰如地球转，

物是人非夸乐龄。

彰显社会进步快，

物质精神创双赢！

注：① "爱群" 指爱群大厦，在 1937—1967 年为 "广州第一高楼"。

(2016.12.11)

曾经是广州第一高楼的爱群大厦

做客顺德人家

拜年来到乡下，
做客顺德人家。
"现代土豪"盛情，
欣赏别墅高雅。

宝藏满屋生辉，
庭院绽放奇葩。
名犬珍鲤逗人，
沉香檀木天价。

与家人在顺德朋友家中留影

静听梵音凫凫，
乘兴对弈品茶。
中式"世外桃源"，
尽是炎黄文化。

城乡已无差别，
社会巨变众夸。
今日大开眼界，
犹盼芝麻开花！

（2017.1.31 大年初四）

贺增城黄氏宗亲联谊会成立

农历丁酉年正月初七，应邀出席增城黄氏宗亲联谊会成立大会，吾被聘为该会顾问，为表敬意，赋此诗助兴。

雄鸡唱新韵，黄氏会宗亲。

先帝传嫡后，世代继忠魂。

增江水长流，江夏①脉永恒。

社稷旺家国，笑傲地球人！

注：①"江夏"为黄氏别称。

（2017.2.3）

会长黄志雄（左一）宣布增城黄氏宗亲联谊会成立

南乡子·感恩

（两首）

借战友潘英棠母亲百岁寿辰，赋诗词两首致贺。

其　一

何日敬娘亲？永世今生揖孝勤。百载风流多少念？芸芸。不醉无归酒味醇。　年迈忆风尘。展望今朝万象新。盛世英名谁公允？良民。晚辈当尊真女神。

其　二

何故谢诸君？贵客迢迢贺一人。挚友真情多少义？谆谆。手足同心天下闻。　华夏众高朋。燕舞莺歌乐万分。人瑞平凡谁"铁粉"？网群。慈母其实是众亲。

（2017.5.6）

潘母百岁寿辰时，与家族成员大合照

喜尝"妃子笑"

一骑红尘妃子笑，千载传诵赞如潮。
后世红荔出新品，非是沽名披皇袍。

历来佳果排座次，桂味糯糍领风骚。
未料新贵脱颖出，南沙妃子跃前茅。

并非同名皆尤物，天时地利蕴奥妙。
品质改良凭绝活，技压群芳付辛劳。

精明电商新理念，争为新贵架金桥。
众人笑寻真妃子，却见淑女①把手摇。

注：

①此"淑女"真名李淑英，广州南沙黄阁镇人，从事荔枝经营20载，亲手打造出这一地道品牌，产品畅销全国，誉满业界。

荔枝"妃子笑"

（2017.6.14）

陨石情

近日，欣获广州南沙收藏家李广森先生馈赠天然陨石一枚（重765克），弥足珍贵。为表谢忱，赋诗记之。

乌金陨落如闪电，
天外飞鸿体溜圆。
坠入凡尘熔铁骨，
升腾圣火炼仙丹。
谁言磨难容颜丑？
都赞修行貌不凡。
举世珍稀无价宝，
友情恒久胜金钱！

（2017.9.13）

与友人李广森（左）在其故居前合影

满江红·贺潘启江老师八十华诞[①]

鹤发童颜，谁相信，年高八秩。堪赞叹，良师教诲，甘泉不竭。四载光阴如逝水，半生情义终难却。最畅怀，文体课轻松，无作业。

师生羡，感情铁。同飙戏，当豪杰。扮武松打虎，艺惊南粤。倜傥风流今尤帅，挥毫泼墨人称绝。再扬帆，欣驾百年船，重飞跃。

注：

①潘启江老师是广东省化工学校的体育老师，待学生如亲弟妹，虽然相处仅4年，却结下近60年亦师亦友的深厚情谊。其赤诚之心及多才多艺，赢得全校师生乃至社会各界的敬佩。

潘启江老师（左）在寿宴上

（2017.10.1）

七五感怀

岁月匆匆人未老，征程漫漫志弥高。

廉颇皓首尚能饭，梅雨红尘育壮苗。①

世界周游未却步，文坛闯荡有前标。

雄鸡晓报乖孙诞，②龙脉传承胆气豪！

注：

①本人笔名"梅雨"，即"每裕"之谐音。

②今年是中国农历鸡年，9月18日凌晨，我喜添一孙，大名黄凡曦。可喜可贺！

(2017.10.12)

广州云台花园

念奴娇·笔耕偶感

　　11月8日是中国记者节。19年前，本人以《中国医药报》广东记者站站长、主任记者的身份，受邀赴京参加中国医药报社庆祝首届"中国记者节"活动，受颁"优秀记者"荣誉称号。眨眼已是第20个记者节，尤感光阴似箭，峥嵘岁月稠。今特赋词一首，以资怀念。

　　芸芸大众，爱追逐，富贵荣华之路。唯我途中常落伍，却把清贫羡慕。瘦马行空，涂鸦碌碌，未惧风餐露。虚名不要，寸心何敢辜负？

　　回想爬格多年，稿酬实在少，难以医肚。绝不收兵，仍奋发，出版新书多部。小有名堂，蜚声中外远，粉丝无数。耕耘不辍，叹风流尚如故。

（2017.11.8）

本人（前排右二）参加中国医药报社庆祝首届"中国记者节"活动

南乡子·凡曦百日宴

喜事悦春秋，百日凡曦耀彩楼。挚友亲朋齐庆贺，悠悠，情满珠江千载流。
盛世运新筹，策马征程奋未休。天下英才谁为首？孺牛。儒俊黄门争上游。

（2017.12.30）

孙儿凡曦百日宴全家福

卜算子·贺香港中药学会成立十五周年

香港中药学会是我的老朋友，自创立以来一直保持联系。借其成立 15 周年庆典之际，我专程前往祝贺。

维港荡春风，狮子山花艳。喜看杏林硕果丰，万众身心健。

赤胆卫岐黄，何惧风云变？辈出英才继业成，乐把忠心献！

(2018.1.8)

在祝酒会上与创会会长徐锦全先生（中）及广州朋友肖荣良先生（左）合影

种 牙

种豆得豆，种瓜得瓜。
可知当今科技，种牙也能得牙？

昔日谋生打拼，健康顾及无暇。
口腔养护欠账，掉光满口老牙。

牙疼虽非大病，疼时哭爹喊妈。
纵能修修补补，无奈根基崩塌。

缺牙隐患无穷，诸多病情诱发。
面对盛宴垂涎，山珍海味白搭。

如今时兴种牙，全赖科技发达。
无须大动干戈，略施微创局麻。

技术日臻完善，疗程并不复杂。
经过适当调整，排骨凤爪通杀。

牙力得以恢复，重现豆蔻年华。
照镜猛然惊讶：那人真是我吗？

种牙比较昂贵，动辄万元上下。
但与健康相比，生命才是无价！

（2018.1.25）

采桑子·做客香港中文大学

今天造访香港中文大学，受到该校生命科学学院何永成教授热情接待，获悉他研制的一种抗癌新药取得较大进展，甚为欣慰。

香江中大高名望，久仰精英，幸会科星，恰是同行分外亲。

永成教授研新药，拯救生灵，淡泊功名，创业雄心映紫荆。

(2018.3.25)

与何永成教授（右二）合影

白天鹅叹茶①

平生仰慕白天鹅，

昔日常来帮衬多。

服务一流神享受，

佳肴九簋客登科。

往时设宴"弹公曲"，

今午叹茶"自唱歌"。

反腐倡廉风气正，

荷包出血又如何？

注：

① "白天鹅"指广州第一家五星级酒店"白天鹅宾馆"；"叹茶"为粤语，"叹"即享受也。

(2018.4.17)

白天鹅宾馆喝茶

突　破

漫步公园，偶见一棵榕树的树根，顽强地从坚固的石围墙中伸出，有感而作。

翠榕枝叶婆娑，盘根如网交错。

偏有不安分者，敢从缝隙突破。

突破究竟为何？只为不受束缚。

吸取天地精华，融入世界广阔。

（2018.9.6）

榕树

"不安分"的榕树根

榕树的风格

住宅小区内有几棵参天大榕树，粗壮的气根直插地下，让人怀疑它们到底是根还是茎，从而产生诸多联想。

一个篱笆三支桩，一棵榕树多条根。

说是儿女依母体，更像孝子撑母亲。

(2018.9.7)

[附] 诗友丘天心和诗一首

入土为根棵为干，顶天立地共一筋。

老榕岂是无能物，布阵舒徐胜骄军。

(2018.9.8)

榕树

攀 缘

幼小孜孜不倦，

毕生奋力攀缘。

高攀不为谋私，

只图留荫一片。

(2018.9.11)

攀缘植物

攀缘植物

一剪梅·生日放歌

——七十六岁生日感怀

一辈平庸梦想多，徒有蹉跎，历尽坎坷。年华虚度似轮回，老骥拉车，继续爬坡。

最是从来不信魔。心里泰然，化解干戈。犹将翰墨写余生，浪迹天涯，谱写新歌！

(2018.10.12)

家住广州珠江新城，本书不少作品的取材和构思，
就在这个美丽的珠江公园之中

忆江南 · 赞刘冰

（两首）

近日与一班老战友前往深圳光明农场（今光明区）探望年近八旬的刘冰同志。他堪称退伍老兵成功创业的典范，亲手打造出"刘冰乳鸽"美食品牌，驰名粤港澳。勤劳致富之后，最近他又乔迁新居，四代同堂共享天伦之乐，令我们甚感欣慰，特作词二首致贺。

其 一

刘冰好，深圳树标兵。永铸军魂谋创业，金牌响亮众追星，谁不赞刘冰？

其 二

新居美，风水旺门庭。四代同堂齐纳福，乐天老骥益康宁，谁不羡光明！

（2018.10.26）

老战友们探望刘冰同志（左三）

卜算子·小书屋

珠江新城公交站场新辟了一间小书屋，市民可在此看书、买书、喝咖啡或小憩。环境幽雅，气氛温馨，人皆赞之。

时代大潮流，涌现新风物，公汽站场好暖心，专辟小书屋。

漫漫旅途中，请你停停步。安得人生充电时，冲刺再开路。

（2018.11.6）

公交站场中的小书屋

临江仙·春华秋实

老朋友、画家关伟荣先生"亲近自然"画展，在广州沙面开幕，诚邀本人捧场，特赋诗一首致贺。

漫漫人生勤奋路，丹青成就伟荣。春华秋实庆年丰，笔耕描胜景，翰墨化苍穹。

梦醉自然亲近美，陶冶浪漫心胸。一朝功遂喜相逢，从今欣迈步，时代作先锋。

(2018.11.8)

与画家关伟荣先生（右）合照于画展

水调歌头·神枕

广州市诺卫网络科技有限公司董事长李俊锋先生近日赠我一件新产品——"护颈大使"健康枕头，试用后疗效不错，特赋词一首。

人道颈椎病，手尾最麻烦。不知哪位医圣，能解此疑难？往日埋头挥笔，落下颈椎毛病，苦楚不堪言。遍把良方找，奔走数年间。

穷思变，开新路，尚科研。真该庆幸，传统疗法跃前沿。首创神奇护枕，产品因人定制，静卧倍安然。数月观奇效，医患乐欢天！

(2018.11.15)

与广州市诺卫网络科技有限公司李俊锋董事长（左）合影

满江红·贺母校六十周年华诞

甲子风霜，凝甘露，枝繁叶茂。回首看，心潮激奋，情倾化校。四载苦研劳嫩骨，三番迁址寻良道。不信邪，学科巧攻关，纱纸①俏！

时运转，复名校；鸿鹄志，冲天遨。令群雄羡煞，化工奇妙。崛起狮山旗更艳，②扬帆四海英才傲。盼明朝，平地响惊雷，繁星耀！

与潘启江老师（左）为母校送上贺诗

注：

①"纱纸"为粤语俗语，意为"文凭"。

②广东省化工学校创办于1958年秋，本人是无机物工艺专业首届四年制毕业生。可惜毕业后（1962年）学校即停办，直至1982年才在广州复办。六十年来，先后经历了三次迁校、停办、复办、再迁校的曲折历程，可谓艰难坎坷。2010年9月才"定居"佛山市南海区狮山镇，重新崛起，大展宏图。

(2018.11.18)

喜乘地铁回故乡

乘坐 21 号线地铁回故乡

广州 21 号线地铁今日开通，笔者特意尝鲜，乘此地铁回老家增城一趟，不禁浮想联翩，感慨万分。遥想 60 多年前孩提时候，到广州探望亲人时，常为 4 毛 9 分钱车票（广九线慢车）而发愁。想不到如今我成了"省城老人"，回家乡探亲竟可乘坐地铁，且可免费乘车（老人优待），真乃"天翻地覆慨而慷"也！

儿时向往省城人，
幸有穷亲纳我身。
"五吊"① 车钱伤透脑，
三番心计苦无门。
城乡咫尺如隔世，
贫贱鸿沟若痼痕。
庆幸古稀回故里，
欣乘地铁免分文！

注：①五吊，俗语"五毛钱"。

（2018.12.28）

赠吴政宏将军①

宏声霹雳将军梦，
跃马横枪护政通。
荔苑古稀怀故土，
书坛茁壮一青松。

注：

①吴将军是我战友，笔名宏声。他不忘初心，不忘故土，虽身居京城高位，仍"常回家看看"，为老家增城的发展倾心尽力，并以"将军书法家"之专长，为家乡培养书画人才，亲任"荔都画院"顾问。昨天该画院举办第四届名家书画展，其本人亦有多幅大作亮相。他邀请我代表部分战友出席盛会，激奋之余，特赋诗赞之。

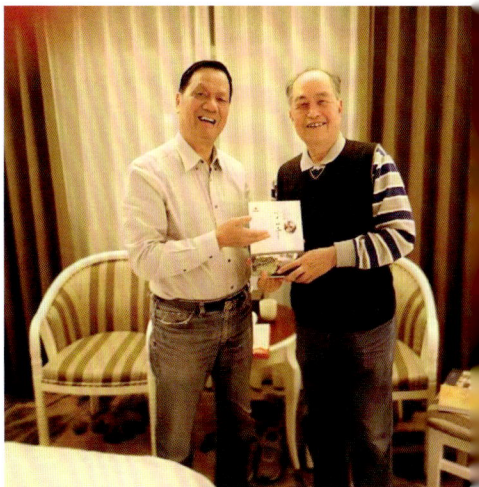

向吴政宏将军赠书

（2018.12.30）

人日会印得大师

正月初七，俗称"人日"，新年气氛尚浓，前往罗浮山拜会华首台住持印得大师，欣然作小诗一首。

华首台印得大师

己亥新春佳节时，喜逢人日会尊师。
千年古寺焚香旺，万众门徒唱圣诗。
华首青春今焕发，罗浮不老更欢怡。
迎猪送狗多鸿运，挚友倾心颂友谊。

(2019.2.11)

[附] 印得大师和诗

新春行大运 · 和黄每裕前辈诗

桃花绯红知春时，浊世何处寻明师？
但求福地家兴旺，好教儿孙写赞诗。
常见老树新枝发，青山碧翠惬心怡。
逍遥自在行大运，定是前生结善谊。

(作于己亥年春月罗浮山)

惠州会友人

从来低调赴鹅城，今日反常住五星。①

极目西湖观泗塔，近廊东水望桥亭。

休闲本已离尘远，励志还须赋激情。

百尺竿头堪进取，煮茶论道颂功名！②

注：

①此行下榻惠州著名五星级酒店康帝酒店，前临西湖，背靠东江，景致超凡。鹅城乃惠州市别称。

②友人创办的公司，经二期技改，更上一层楼，步入新的发展轨道，可喜可贺！

(2019.4.28)

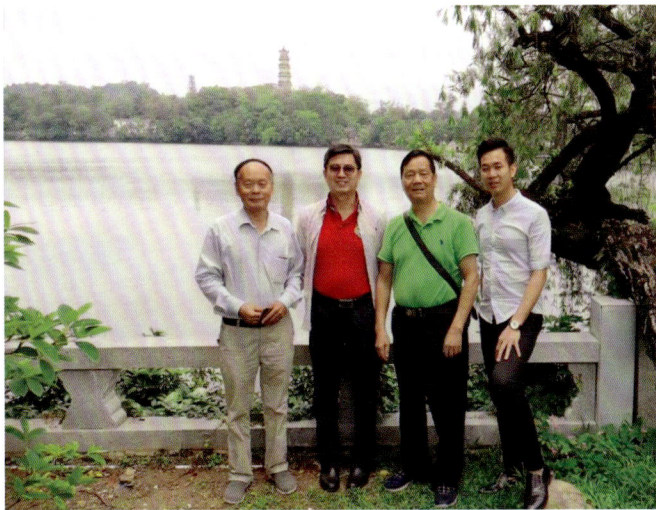

四友人合影于惠州西湖（左起：梁计照、徐锦全、黄每裕、卜景谊）

孙女出国当义工

孙女黄琳在美国读高中，毕业前到尼泊尔做义工，接触社会，认识世界。今晚家人在广州欢聚，为她饯行。

孙女美国读高中，毕业前期做义工。

万里迢迢情溢满，风尘仆仆步如风。

躬身体验穷家苦，俯首坚辞伪富翁。

盼望环球同冷暖，无分南北与西东。

（2019.6.1）

后排右三为孙女黄琳

得胜令·庆八一
（粤曲）

与战友潘英棠领唱

为庆祝"八一"建军节，广州部分原一二八师退伍老战士欢聚一堂，穿上崭新的军装一起合照，并高歌本人创作的粤曲《得胜令》，气氛热烈，斗志昂扬。

军旗招展，老兵凝望，老兵凝望，喜庆高歌赞兴邦！诸君光彩照人，如花正绽放，心情确系爽。回望半世纪，英姿飒爽把兵当。今天、今天，再着上军装，人人系斗志昂，雄心志又壮。年龄过古稀，年年过八一，金枪不倒有担当！年龄过古稀，年年过八一，金枪不倒有担当！

（2019.8.1）

原四十三军一二八师老战友庆祝"八一"建军节

战友情牵

　　今天我与几位老战友专程赴深圳，与阔别半个多世纪的当年部队文艺宣传队的队长郑家贵同志会面，看到八十六岁高龄的老领导精神奕奕，身体健康，非常高兴！特作小诗一首，以抒情怀。

战友情牵五十年，
重逢深圳续前缘。
未觉老骥容颜倦，
犹见神兵气宇轩！

（2019.8.11）

前排左二为老领导郑家贵

盛世"仙荔" ①

枝繁叶茂果艳丽，
曾几何时尽枯枝。
若非中华逢盛世，
何来风生水起时？
皆言红荔仙气盛，
谁知科技蕴玄机。
人杰地灵天赐福，
励志雄心续传奇！

身后中间那棵荔枝树就是"仙荔"

注：

①我家乡增城有一棵举世仅存、流传下神奇故事的"挂绿"荔枝树，因果实红衣表面有绿带环绕，故而得名，乃稀世之宝。20世纪50年代，这里曾是增城中学的校园，本人曾在树下读书。那时该树日渐枯萎，后来树头上悄然长出一枝新苗，在园林专家精心呵护下，茁壮成长。之后老树完全枯死，新苗则长成"富二代"，枝叶繁茂，果实累累，蔚为奇观。今天我与当地企业家、贤侄黄志雄重聚于荔枝树下，谈经论道，借景抒情，乘兴赋此小诗。诗中特意嵌入"志雄"二字，聊添趣味也。

(2019.8.18)

迈向巅峰

　　我的朋友郑中先生创办的在香港和深圳设立双总部的"CCD郑中品牌设计事务所",于8月27日在香港一个评选会上荣获2019年"亚洲品牌500强"殊荣,这是首家也是唯一一家品牌设计企业入选,可喜可贺!

　　驰名设计仰郑中,享誉亚洲冠群雄。
　　方兴未艾拓宏业,紫气东来越巅峰!

　　注:诗中嵌入该公司总裁郑中及几位高管的大名,其中包括郑中、郑东、邱艾等,聊添乐趣也。

(2019.8.29)

郑中董事长(左七)与公司高管合照

丹心依旧

　　朱丹先生曾是中国医药界的风云人物，深圳海王药业、海王星辰连锁药店创始人之一，我们是好朋友。然而，征途漫漫，彼此竟失联 20 年！直至近日才续前缘。得悉年近花甲的他依然意气风发奋斗在商业创新领域，初心不改，丹心不变，甚为高兴！感慨之余特作小诗赞美之。

改革春风荡九州，
弄潮壮士竞风流。
海王崛起添神话，
圣戟腾升足智谋。
撒网星辰连万店，
扬帆药海渡千舟。
峥嵘岁月鬓添雪，
浩气丹心孺子牛！

（2019.9.1）

朱丹近照

清平乐·丹心永驻

——七十七岁生日感怀

今生无妒，未种摇钱树。弄墨舞文如吃素，何惧清贫甘苦。

七七岁月悠长，历经世态炎凉。尤幸丹心永驻，豪情续写华章。

(2019.10.12)

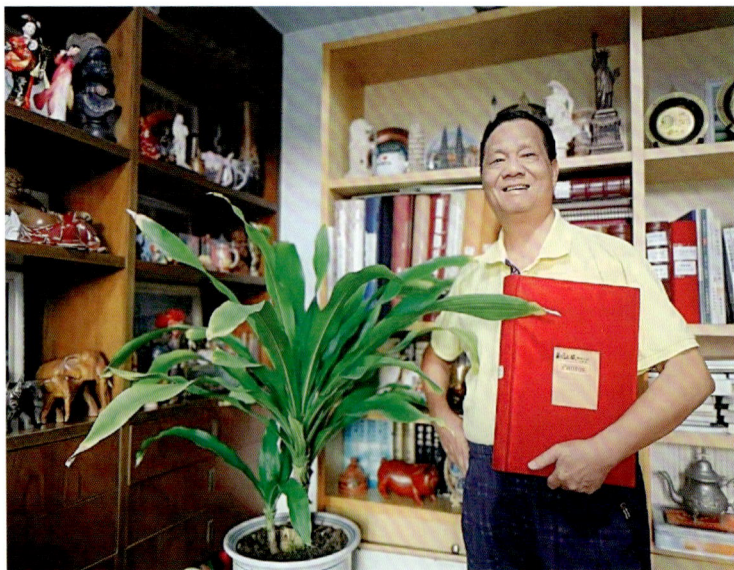

在书房中

欢宴庆团圆①

稻熟时节，旅居美国多年的外甥关嘉萍、李德泉夫妇回乡省亲，逾百亲友欢聚一堂，喜宴热闹，亲情洋溢，令人振奋。特赋诗一首助庆。

葵青湖碧稻禾黄，

中美亲贤聚三江。

飞越重洋归故里，

步临福第宴华堂。

关山万道情谊厚，

桃李千秋志铿锵。

盛世祈圆中国梦，

黄家风范永流芳！

注：

①诗中嵌入故乡名"三江""葵湖"以及"关""李"之姓。

在广州增城石滩镇葵湖村故居留影

饮杯家乡茶

(2019.11.16)

309

游历世界 77 个国家名单

（至 2019 年 9 月）

亚洲（31 个）

1. 中国
2. 日本
3. 新加坡
4. 马来西亚
5. 泰国
6. 印度尼西亚
7. 印度
8. 越南
9. 柬埔寨
10. 文莱
11. 菲律宾
12. 朝鲜
13. 韩国
14. 缅甸
15. 土耳其
16. 以色列
17. 阿拉伯联合酋长国
18. 巴勒斯坦
19. 斯里兰卡
20. 约旦
21. 尼泊尔
22. 伊朗
23. 卡塔尔
24. 马尔代夫
25. 老挝
26. 蒙古国
27. 哈萨克斯坦
28. 乌兹别克斯坦
29. 吉尔吉斯斯坦
30. 塔吉克斯坦
31. 土库曼斯坦

欧洲（30 个）

1. 俄罗斯
2. 德国
3. 意大利
4. 法国
5. 摩纳哥
6. 梵蒂冈
7. 比利时
8. 卢森堡

9. 荷兰

10. 奥地利

11. 圣马力诺

12. 芬兰

13. 丹麦

14. 瑞典

15. 挪威

16. 西班牙

17. 葡萄牙

18. 希腊

19. 捷克

20. 匈牙利

21. 克罗地亚

22. 斯洛文尼亚

23. 英国

24. 瑞士

25. 列支敦士登

26. 乌克兰

27. 白俄罗斯

28. 立陶宛

29. 拉脱维亚

30. 爱沙尼亚

非洲 (4个)

1. 埃及

2. 南非

3. 摩洛哥

4. 突尼斯

北美洲 (6个)

1. 美国

2. 加拿大

3. 墨西哥

4. 古巴

5. 巴拿马

6. 哥斯达黎加

南美洲 (4个)

1. 巴西

2. 阿根廷

3. 智利

4. 秘鲁

大洋洲 (2个)

1. 澳大利亚

2. 新西兰

为了兑现"小车不倒只管推"的诺言，自 2017 年出版《周游世界六大洲》和《心中的风景》之后，相隔两年多，今年又出版《慧眼看世界》这本书。说起来，两年多时间不长也不短。但能以这个速度出书，也非易事。特别是对于年近八旬的我来说，已是"超负荷"了。因此，这本书的问世，无疑给我一个极大的鼓舞。

这两年多来，我继续"周游列国"，积累了不少素材，本打算与上次一样同时出两本书，一本是散文游记，一本是诗词集。但后来考虑一些问题，最后"合二为一"了。为此，我不得不把一些文章"忍痛割爱"，"瘦身"成今天这本书的样子。但凡舞文弄墨的人都有深切的体会，每一篇文章都视如亲生儿子，舍不得丢掉。我唯有把这些暂时"割爱"的"宠儿"保存下来，等待适当时机，让它们再度"投胎问世"。

我在本书的序言中说到，这次出书有特殊意义——我今年 77 岁，正好游历了 77 个国家。我原先以为去过的国家数量已不少了，想不到在最近一次去东欧旅游时，无意中打听到，在 29 位团友中，竟有一半以上的人比我去的国家还多，涉猎过八九十个国家的比比皆是，最多的一位已去过 114 个国家！我顿时"低调"起来。心想，他们才是真正的"旅游达人"呢！他们无疑给了我莫大的鞭策，促使我暗下决心，向他们学习，加快步伐向前走，争取在有生之年实现"一生游百国"的目标！与此同时，继续笔耕，并陆续出版新书。

与以往出书一样，我得到了不少老朋友的热心支持，他们或慷慨解囊，或献上墨宝，或题词勉励和祝贺，出版社的老师们则付出很多心血，精心编辑……在此，本人表示衷心的感谢！

由于本人水平所限，本收难免有错漏之处，敬请广大读者给予批评指正，我不胜感激！

黄每裕

2019 年 11 月